33 NIÑAS PROTAGONISTAS de la HISTORIA

SU VIDA A TRAVÉS DEL TIEMPO

Dirección editorial
Isabel Ortiz

Textos
Carmen Blázquez y Equipo Susaeta

Realización editorial y diseño
Arga Ediciones

Ilustraciones especiales
Zara Corral

Maquetación
Arga Ediciones

© SUSAETA EDICIONES, S.A. - Obra colectiva
C/ Campezo, 13 - 28022 Madrid
Tel.: 91 3009100 - Fax: 91 3009118
Impreso y encuadernado en España
www.susaeta.com

33 NIÑAS PROTAGONISTAS de la HISTORIA

SU VIDA A TRAVÉS DEL TIEMPO

susaeta

Índice

Niñas de Europa

Desde que una niña de la Edad del Hielo dio sus primeros pasos sobre Europa, hasta ahora, en que lees estas páginas, han transcurrido decenas de miles de años, a lo largo de los cuales muchas niñas han jugado, trabajado y soñado en un futuro mejor, quizá ese que tú disfrutas aun sin saberlo.

Gea (Tierra)

Una niña neandertal

Todos los días son una pequeña lucha para Gea. Desde que recuerda, ha acompañado a sus padres en su recorrido sin fin por los bosques en busca de caza. Esto la ha hecho ser fuerte; sus manos son ásperas a base de recoger leña para mantener encendido el fuego del hogar y de curtir las pieles que la cubren. Además, recolecta los frutos que le ha enseñado su madre y la ayuda a cuidar de sus hermanos más pequeños.

Gea habla y canta, aunque aún no tiene la variedad de sonidos ni la complejidad de nuestro lenguaje. Las cuencas de sus ojos y cejas están muy marcadas. Le gusta reunirse con sus amigas y jugar a perseguirse y a contarse historias antiguas, a veces aterradoras, que su madre le ha contado por las noches, alrededor del fuego.

◀ Un fuego vital

El fuego que ayuda a mantener Gea fue descubierto por el hombre hace 400.000 años. Sirve para ahuyentar a los animales, cocinar e iluminar por la noche. También en el grupo familiar de Gea se fabrican herramientas de piedra, asta o madera que les facilitan la vida, ya que sirven para cazar, pescar o construir refugios.

▼ Pequeños grupos familiares

Gea pertenece a un grupo de hombres, llamados neandertales, que vivieron hasta hace 28.000 años. Eran nómadas: se desplazaban en busca de alimento en pequeños grupos familiares. Se refugiaban en cuevas o construían sus propias guaridas con ramas, pieles y huesos. Cuando el *Homo sapiens* se extendió por toda Europa, el neandertal fue desapareciendo hasta extinguirse, pero antes de hacerlo ambas especies convivieron y tuvieron descendencia, por lo que hoy corre por nuestras venas sangre con genes neandertales.

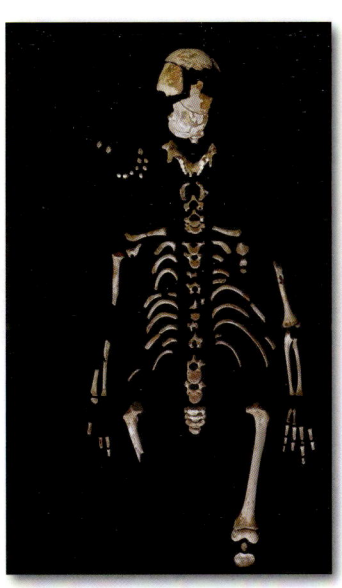

El niño de «El Sidrón»

El Sidrón es una cueva asturiana donde aparecieron los restos de dos niños neandertales. Este era uno de ellos. Tenía la piel clara y era rubio o pelirrojo. Pesaba 26 kilos y medía 1 metro y 11 centímetros. Se sabe que era diestro y que ya trabajaba como un adulto.

EL CEREBRO DE LOS NEANDERTALES ERA ALGO MAYOR QUE EL NUESTRO, ASÍ QUE TARDABAN ALGO MÁS EN DESARROLLARSE TOTALMENTE.

¿Sapiens o neandertales?

En la cornisa cantábrica, las últimas huellas que se han encontrado de neandertales son de hace 42.000 años y las primeras de *Homo sapiens*, de hace 41.500, por lo que algunos científicos piensan que las pinturas rupestres más sencillas, como manos en negativo o punteados, pudieron ser obra de los últimos neandertales que poblaron Europa.

Un invento extraordinario

A pesar de su sencillez, los neandertales no conocían la aguja. Fue un invento revolucionario del *Homo sapiens*, pues permitió coser y ajustar las prendas de piel, lo que le ayudó a afrontar mejor los cambios climáticos del Cuaternario.

Hábil cazador

Se ha hablado mucho sobre si los neandertales eran hábiles e inteligentes, pero hoy se sabe que eran capaces de cazar en grupo y que sus presas (bisontes, rinocerontes, ciervos o cabras salvajes) eran muy parecidas a las de su sucesor, el *Homo sapiens*, del que nosotros descendemos.

La vida en la Edad de Hielo

El ascenso del *Homo Sapiens*

Cuando nació la Tierra, era un lugar abrasador, y se fue enfriando hasta que en un periodo, llamado Pleistoceno, comenzó a enfriarse demasiado, y el hielo de los casquetes polares avanzó hasta el ecuador. Esto duró un millón de años, y hubo épocas en las que los hielos se derretían, que son los periodos interglaciales. Ese periodo se corresponde en la historia de la humanidad con el Paleolítico. El hombre neandertal podía cruzar los mares helados; además, al haber descubierto el fuego, podía sobrevivir a estos fríos extremos. Se cree que aun así no pudo sobrevivir a la última glaciación y a la erupción de algunos volcanes, que redujeron la caza, por lo que se extinguió hace unos 40.000 años. El *Homo sapiens,* en cambio, sí pudo superar estos escollos.

▼ **¿Qué comían?**

Los hombres que vivieron durante esa larguísima época de un millón de años llevaban una vida nómada, cazando, pescando y recolectando los frutos, tallos o raíces que la naturaleza les proporcionaba, hasta que se terminaba la caza y la pesca de la zona. Entonces cogían todos sus enseres y se trasladaban a otro sitio que estuviera aún sin explotar.

▼ Hacían sus casas con pieles, madera y huesos de mamut.

▶ ¿La pintora de Altamira?

Tradicionalmente se ha considerado que las pinturas de Altamira (Cantabria) habían sido realizadas por hombres, pero ¿por qué no pensar en que fueran mujeres sus autoras? Las impresiones de manos de algunas paredes pertenecen a manos de mujer. Es probable que las que permanecían en las cuevas al cuidado de niños, enfermos y ancianos tuvieran algún rato para «decorarlas», tal vez como un gesto para que la caza fuese más propicia.

◀▶ El hombre de los hielos

En 1991 dos turistas descubrieron lo que parecía el cadáver de un montañero congelado y resultó ser un hombre de la Edad del Cobre que vivió 3.000 años antes de Cristo. Se le llamó Ötzi. Medía 159 cm de alto, tenía 46 años y pesaría unos 50 kg. Vestía una capa, un chaleco y zapatos, y llevaba una bolsa con hierbas medicinales. Este ajuar lo completaban un hacha, un cuchillo, una aljaba llena de flechas, varias puntas de pedernal y un arco inacabado que era más alto que él.

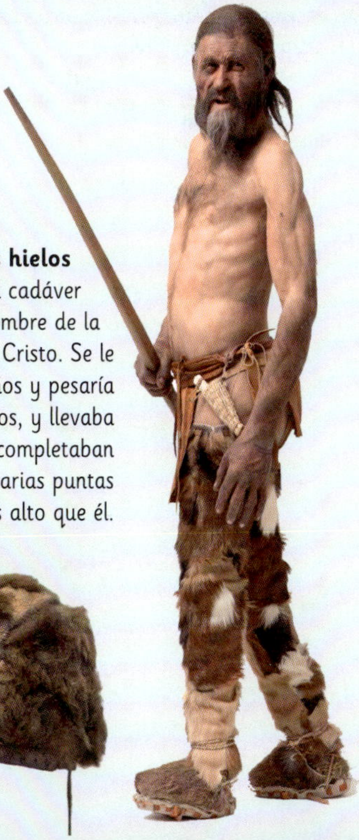

◀ Ötzi llevaba zapatos de cuero impermeables, hechos con piel de oso y de ciervo, así como con raíces. Todo estaba forrado con hierba seca y musgo a modo de calcetines.

Livia (Pálida)
Nacida durante el Imperio romano

Livia no sabe de qué le sirve ser hija de un senador romano si está siempre tan atareada como las esclavas de su casa: por las mañanas recibe, junto con su hermano, clases de un preceptor; después ayuda a servir la comida y ella misma come. Por la tarde cose con su madre y sus hermanas, y estas la enseñan a comportarse en sociedad. Como es la pequeña, sus hermanas se hacen las importantes y se ríen de ella cuando se equivoca. Solo a última hora de la tarde puede jugar con sus amigas, las hijas de los siervos que trabajan en casa. Los domingos se pone su mejor túnica y, junto con sus padres, acude a los templos a hacer ofrendas a los dioses.

▼ Juguetes

A Livia le encanta jugar con juguetes tallados en madera, como esta muñeca articulada a la que se le podían añadir vestiditos. Fue encontrada en la tumba de una niña romana fallecida a los 8 años.

LA FAMILIA DE LIVIA ESTÁ FORMADA POR UN PADRE, UNA MADRE Y VARIOS HIJOS, AUNQUE SUELEN VIVIR TAMBIÉN PARIENTES Y SIRVIENTES QUE, EN GENERAL, SON ESCLAVOS. SU CASA ES YA BASTANTE PARECIDA A LAS ACTUALES... ¡SIN ELECTRODOMÉSTICOS, CLARO!

Domus romana

▲ Todos los caminos conducen a Roma

Y así era, pues la ciudad imperial en la que vive
Livia está conectada con el resto del imperio por
una enorme red de vías empedradas que parten
del centro de la ciudad. Roma contaba también
con alcantarillado, baños públicos, anfiteatro
y canalizaciones de agua, entre otras muchas
comodidades.

Insulae

▼ La comida en Roma

El pan era uno de los alimentos principales
de las clases pobres romanas. En la imagen,
panes fosilizados procedentes de Herculano,
la ciudad italiana cubierta por la lava tras
la erupción del Vesubio el año 79.

Domus

◄► Las casas romanas

La casa familiar, *domus* (izquierda), estaba
construida en torno al atrio o *atrium*, un patio
que solía ser porticado. A veces, en los laterales
de la fachada principal se construían *tabernae*,
independientes de la casa, que el dueño alquilaba a artesanos
y comerciantes. Solían ser de una sola planta, aunque algunas
presentaban un segundo piso alrededor del atrio.
Las *insulae* (arriba) eran edificios de varios pisos donde, en
alquiler o en propiedad, vivían los ciudadanos más pobres.
Muchas veces las casas quedaban reducidas a una sola
habitación.

17

El circo y los gladiadores
No todas las peleas eran a muerte

La figura del gladiador romano se remonta a la época etrusca (siglo IV), durante la cual se celebraban combates entre los prisioneros ante las tumbas de los héroes, para honrar a Saturno. Estos juegos pasaron a ser parte de la vida de Roma durante el siglo III a.C. El gladiador toma su nombre del arma que solían utilizar, llamada *gladius*, que consiste en una espada corta de hoja recta, similar a la de los legionarios romanos.

Los combatientes podían tener diferentes orígenes. Unos eran personas voluntarias que buscaban fama y gloria, mientras que otros eran esclavos y prisioneros. Estos soñaban con la posibilidad algo lejana de llegar a conseguir su libertad luchando en la arena.

Todos se formaban en escuelas de gladiadores, donde los maestros se encargaban de decidir cuál de ellos saldría a la arena, con qué categoría y qué armas tenían que llevar.

▲ **Carreras de carros**

En la antigua Roma, el lugar más importante donde se celebraban las carreras de caballos era el Circo Máximo, localizado entre el monte Palatino y el monte Aventino. Podía albergar a 250.000 personas. Los aurigas, conductores de los carros, llegaban a ser personajes muy famosos. Se hacían grandes apuestas sobre cuál de ellos ganaría las carreras.

753 a.C.
Rómulo celebra (según una leyenda romana) una carrera de caballos justo después de fundar Roma, en 753 a.C., como estrategia para distraer a sus enemigos.

46 a.C.
Se celebra la primera naumaquia (batalla naval en un anfiteatro) conocida, ofrecida por Julio César al pueblo de Roma para celebrar sus victorias.

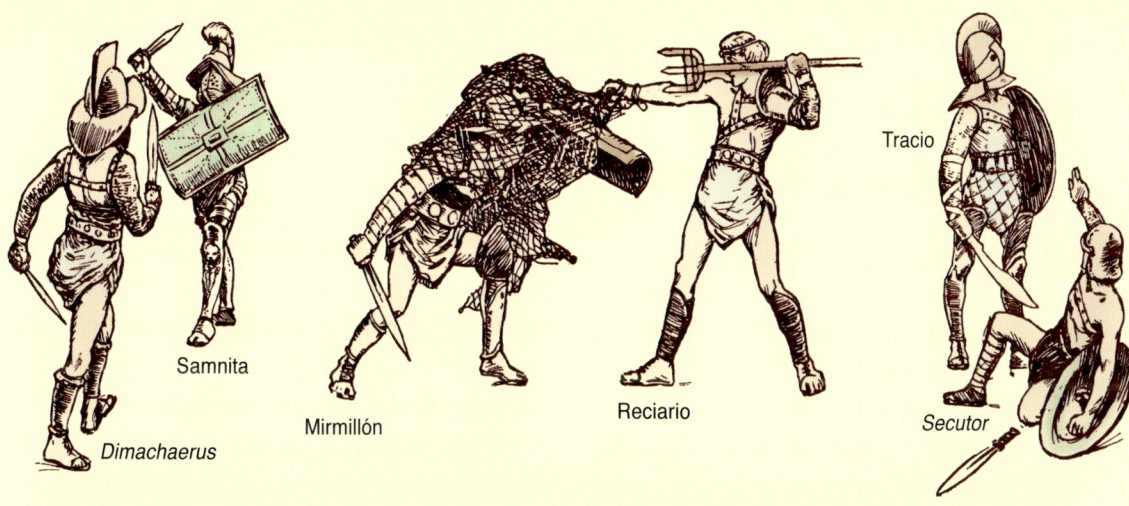

Tracio

Samnita

Dimachaerus

Mirmillón

Reciario

Secutor

Gladiador	Arma	Protección	¿Qué más?
Samnita	*Gladius* (espada corta)	Escudo, casco, guantelete en la mano derecha, protección en la pierna izquierda	Fue el primer tipo de gladiador que existió
Dimachaerus	Dos espadas	Varía: armadura, casco...	Muy popular en los siglos II y III d.C
Mirmillón	*Gladius* (espada corta)	Casco completo con cresta	Similar a los guerreros galos
Reciario	Tridente o daga	Una red	Su estrategia consistía en atrapar en su red al adversario
Secutor	Espada	Escudo, casco y armadura	Evolución de los mirmillones para el combate con los reciarios
Tracio	Espada corta con hoja ligeramente curva	Pequeño escudo o «parmula», armadura en ambas piernas, protector para el hombro y el brazo y casco	Atacaba por la espalda desprotegida a su oponente

▶ «Mercancía» valiosa

Las películas han transmitido la idea de que todos los combates eran a muerte. Esto, en realidad, era la excepción. Preparar a un gladiador costaba mucho tiempo y dinero, por lo que era una «mercancía» valiosa. Normalmente, si se ajusticiaba a un gladiador, era para evitarle sufrimientos cuando sus heridas eran muy graves.

◀ En el coliseo de Roma se celebraban estos combates.

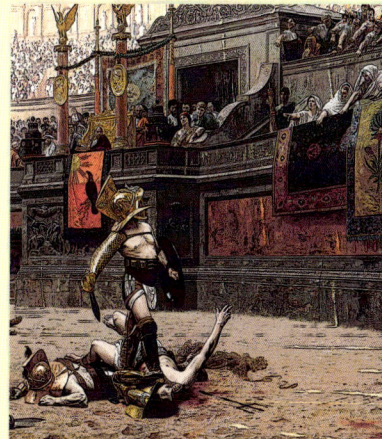

S. I y II

Por las mañanas se ofrecen en los circos cacerías de fieras; a mediodía, la ejecución de criminales y, por la tarde, luchas de gladiadores.

S. III

Con la cristianización y el declive del imperio disminuyen los espectáculos de gladiadores, de fieras y de ejecuciones públicas.

393

El emperador Teodosio prohíbe todo tipo de festividades y fiestas paganas, así como las peleas a muerte.

19

Mencía (Indulgente)
Ser campesina en la Edad Media

Hoy Mencía se ha despertado contenta. Cuando ha abierto los ojos en su choza, aterida de frío, con sus hermanos acostados junto a ella y oyendo el rebuzno del burro unos pasos más allá, se ha acordado de que hoy es día de mercado. Podrá dejar las labores del campo y de la casa por unas horas y acompañar a su padre a la ciudad subida en el borrico.

Allí podrá hablar con las mujeres y los criados que se acerquen a su puesto de hortalizas y escuchar lo que se cuenta por ahí. Quizá aparezca de nuevo aquel juglar que cantó el romance de Gerineldo...

Quiere aprovechar estos días, ya que sabe que dentro de poco la casarán con el hijo de un vecino, y su vida cambiará y se llenará de responsabilidades.

◀ **El trabajo del campo**
En la Edad Media las labores agrícolas eran la principal fuente de riqueza, aunque comienzan a nacer las primeras ciudades después de caer el Imperio romano.

La peste bubónica, contagiada por ratas y pulgas, fue una terrible plaga de la época.

▼ **El mercado**
Mencía va al mercado a vender las hortalizas que cultiva su familia. En la Edad Media apenas había tiendas. Para comprar o vender telas, aperos de labranza, fruta, verdura o cualquier otro producto, había que acudir al mercado. Curiosamente, también se vendían allí libros, que muy pocos sabían leer; solo lo habían aprendido los nobles o los hijos de burgueses, que tenían tiempo libre para ello.

Aldara (Noble)
Un mundo de princesas y castillos

Hoy es día de torneo y Aldara corre por los pasillos del castillo en busca de Melisenda, su aya, para que la vista y la peine rápidamente. La primavera ha llegado y desde la torre del homenaje (el edificio del castillo donde vive) ve los campos en flor. Las justas son con motivo de la futura boda de su hermana mayor con el hijo de un conde, el cual era enemigo de su padre. Ambos han decidido sellar las paces con esta boda. Su hermana ya tiene 16 años y es buen momento para casarse. Aldara se pone una sencilla túnica o saya bordada, de mangas largas estrechas, encima de una camisa, y se calza con unos escarpines.

◀ Casadas muy jóvenes
Durante la Edad Media los casamientos entre familias nobles eran concertados casi desde la infancia, y atendían a intereses diversos. Poco contaban los deseos de los jóvenes.

▼ Banquetes
El banquete de boda de la hermana de Aldara fue fabuloso. Se sacaron a la mesa más de 50 platos. Se degustaron carnes tan raras como cigüeña o castor. Todos comieron con las manos, pues el tenedor no se generalizó hasta el siglo XVI.

▲ Torneos
No había fútbol, ni cine, ni grandes conciertos de música… En su lugar, había torneos. Duraban cerca de una semana y en ellos se mostraban las mejores cualidades en varias disciplinas de caballería. Los ganadores eran aclamados como los futbolistas hoy.

La Cruzada de los niños
Muchos terminaron como esclavos

Las noticias de una peregrinación de niños camino de Tierra Santa han pasado de boca en boca desde hace cientos de años. La versión más extendida es que un niño llamado Esteban de Cloyes, después de haber tenido una aparición de Jesucristo, animó a otros niños a ir a Tierra Santa en una inmensa caravana, a la que se iban uniendo otros niños, para contribuir en la conquista de Jerusalén, que estaba en manos de Saladino.

TODAS LAS VERSIONES COINCIDEN EN QUE LOS NIÑOS NUNCA VOLVIERON, YA SEA PORQUE SE PERDIERON EN EL CAMINO, PORQUE LLEGARON A TIERRA SANTA O PORQUE FUERON VENDIDOS COMO ESCLAVOS.

◀ Entre la realidad y la leyenda
Hay distintos relatos sobre lo que pudo ocurrir y cómo se desarrolló esta curiosa cruzada. La mayoría tienen en común el liderazgo de un niño y un largo peregrinaje al que se fueron sumando cientos de niños hasta el mar Mediterráneo. Al llegar allí, esperaron a que el mar se abriera, y, como no se abrió, aparecieron unos mercaderes que se ofrecieron a llevarlos en sus barcos hasta Jerusalén. Se cuenta que después se desencadenó una tormenta por la que naufragaron la mayoría de los barcos, y que solo unos pocos llegaron a Jerusalén, de donde no regresaron.

1095
Aprovechando la llamada de auxilio del emperador bizantino Alejo I, enfrentado con los turcos, el papa Urbano II anuncia en 1095 la I Cruzada.

1096-1097
Acompañando a los caballeros, cientos de campesinos parten a luchar a Tierra Santa. Es la Cruzada de los pobres, a las órdenes de Pedro el Ermitaño.

1147-1149
Tras la caída de Edesa en 1144 a manos de los árabes, se inicia la II Cruzada, en la que participan los templarios.

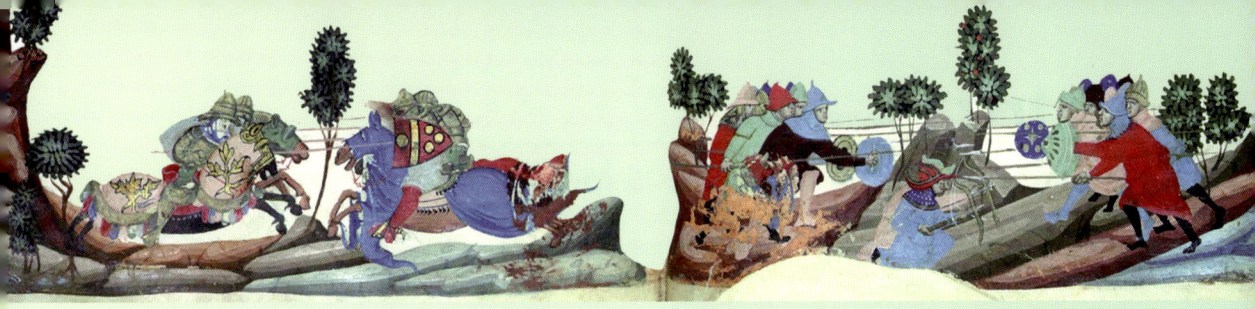

▲ **Las otras cruzadas**

Entre 1096 y 1272 hubo un total de 9 cruzadas, impulsadas por papas y soberanos. Tropas de todos los países cristianos acudieron a luchar contra los musulmanes en Tierra Santa. Su objetivo era recuperar de manos «infieles» los Santos Lugares, en especial Jerusalén. Se saldaron con grandes matanzas de uno y otro bando. En 1291, tras la caída de San Juan de Acre, los cruzados abandonaron sus últimas posesiones en Tiro, Sidón y Beirut.

▶ **Las rutas de las ocho cruzadas**

Personas de todos los países europeos, incluyendo Francia, Alemania, Inglaterra y los Estados Papales, acudieron a la llamada de las cruzadas. Dependiendo del país de partida, llegaban a Tierra Santa atravesando el mar Mediterráneo o bien por tierra tras cruzar el estrecho del Bósforo, en la actual Turquía.

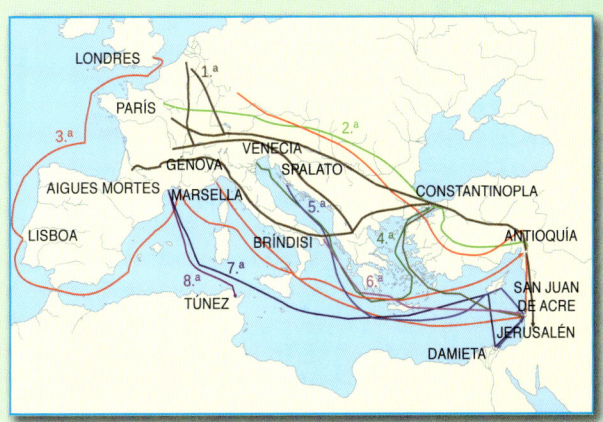

◀ **El flautista de Hamelin**

Es posible que este cuento del flautista —que con el encantamiento de su flauta se lleva a los niños de los pueblos— esté relacionado con los movimientos que dieron origen a la leyenda de la Cruzada de los niños.

▶ **Saladino**

Este todopoderoso sultán fue el enemigo número uno de los cristianos. Gran estratega y con un poderoso ejército, derrotó en numerosas ocasiones a las tropas cristianas, arrebatándoles Jerusalén.

1189-1192	**1202-1204**	**1212**	**1217-1272**
En 1187 cae Jerusalén, y, en 1189, la fortaleza templaria de Kerak a manos de Saladino. En 1189 se convoca la III Cruzada.	Se inicia la IV Cruzada con objeto de recuperar Tierra Santa, y termina con la conquista y saqueo de Costantinopla a manos de los cristianos.	Tiene lugar la Cruzada de los niños. Se cree que partieron cerca de 60.000, pero muchos murieron por el camino o fueron esclavizados.	Se suceden hasta cuatro nuevas cruzadas. La última terminó al firmarse la paz con el sultán de Egipto.

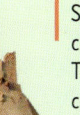

Beatriz (Bienaventurada)
Una pequeña en la Italia de los Médici

Beatriz toca el laúd en el salón de casa para entretener a unas visitas. Está pensando en que aún le quedan tareas que le ha puesto su preceptor para mañana. Ojalá acabe pronto para irse a jugar. Beatriz es muy inquieta, asimila todo lo que ve y disfruta de los objetos bellos. Está en esa edad en que pronto pasará de ser niña a mujer, pero no teme que la casen inmediatamente. Sus padres pedirán su consentimiento cuando crean haber encontrado el candidato adecuado; puede que incluso ella pueda elegir entre sus conocidos.

◀ Niña del Renacimiento
Beatriz lleva un vestido con corpiño y falda de vuelo, ropa que no está destinada al trabajo en el campo, sino a lucirla en paseos y reuniones. Asiste a discusiones intelectuales y filosóficas, y le gusta el arte e incluso pinta y escribe.

▲ Biblia de 42 líneas
Fue la primera obra impresa por Gutenberg con tipos móviles. Se la denomina así porque todas las páginas tienen 42 líneas.

▲ La imprenta
Gracias al papel y la invención de la imprenta, la familia de Beatriz puede comprar libros. El saber ha salido de los monasterios y se ha difundido por las ciudades. Beatriz no lo sabe, pero se está iniciando el Renacimiento.

▶ Familias poderosas
Grandes familias burguesas gobernaban las ciudades italianas y llegaron al papado: los Médici, Sforza, Borgia, Orsini o Farnesio. También fueron mecenas (contrataban y pagaban a artistas) de grandes genios como Miguel Ángel o Rafael. En la imagen, Lorenzo de Médici, conocido como el Magnífico.

«SCIENZA, PAZIENZA AVETE E CONOSCENZA»

«TENÉIS CIENCIA, PACIENCIA Y CONOCIMIENTO». CON ESTAS VIRTUDES DESCRIBE DANTE A SU AMADA BEATRIZ, Y SON LAS QUE DESCRIBEN EL IDEAL DE MUJER RENACENTISTA.

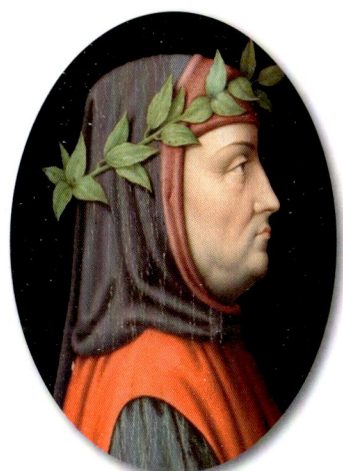

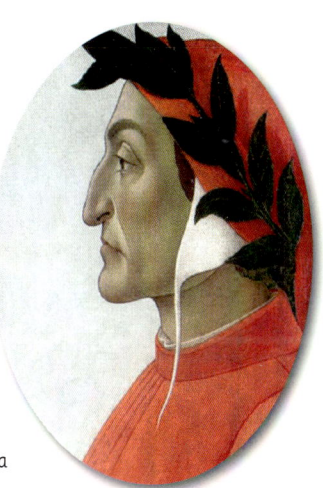

◀▶ Petrarca y Dante
Son los dos grandes escritores que dio la Italia de la época. Dante, autor de la *Divina comedia,* marca el paso de la Edad Media al Renacimiento, movimiento al que pertenece Petrarca plenamente. Los sonetos de este poeta resuenan aún en nuestros oídos.

▼ La ciudad renacentista
Beatriz ha nacido en Florencia, que está en plena ebullición arquitectónica, artística y literaria. Atrás queda la Edad Media, eminentemente rural, y las ciudades están cobrando nuevo impulso.

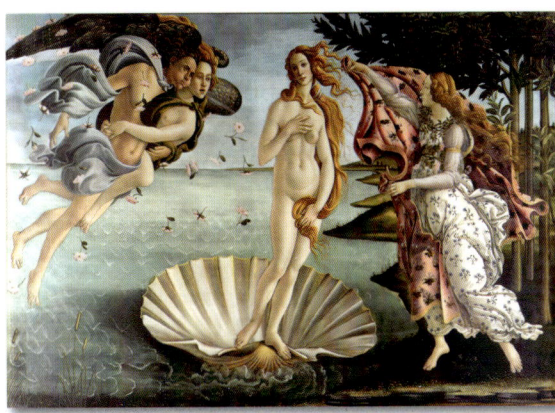

◀ Las artes
También en el arte (pintura, escultura) y la arquitectura (iglesias, palacios, torres) destaca el Renacimiento.
Un ejemplo es este cuadro, *El nacimiento de Venus*, pintado por Sandro Boticcelli. Hace referencia al mito de Venus, diosa de la belleza y la fertilidad, que sale del mar.

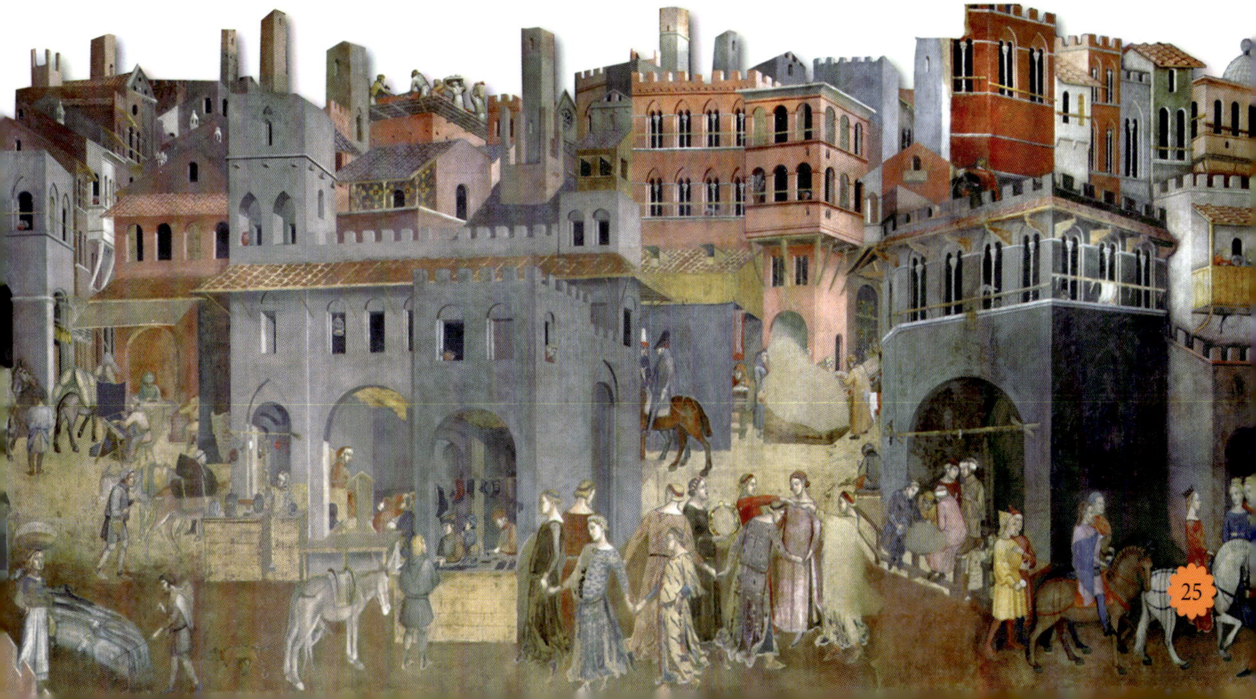

Leonardo da Vinci y sus inventos

La mente superdotada

Uno de los mayores genios de la humanidad vivió en el Renacimiento. Tenía una imaginación tan privilegiada que soñó y diseñó muchas de las máquinas que el hombre ha creado muchos siglos después.

Nació en 1452 en Vinci, un pueblecito cerca de Florencia. Cultivó todas las facetas del saber: las artes y las ciencias. Fue pintor, arquitecto, inventor, músico, poeta, científico, inventor, botánico...

▲ *Salvador Mundi*
Esta obra que representa a Jesucristo fue pintada por Leonardo hacia 1500. Sus obras se han convertido en las más caras y codiciadas del arte de todos los tiempos.

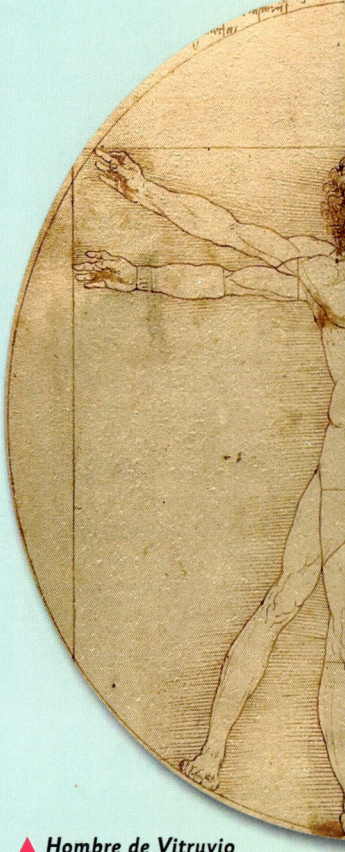

◀ *Retrato*
Supuesto autorretrato del pintor realizado entre 1512 y 1515, cuando Leonardo tenía unos 60 años.

▲ *Hombre de Vitruvio*
Este es un famoso dibujo en el que trata la proporción ideal en el arte. Lo acompaña de notas anatómicas. Aparece en uno de sus diarios, fechado alrededor del año 1490.

1452
El 14 de abril nace Leonardo en Vinci, un pequeño pueblo del norte de Italia.

1482
Deja la corte de los Médici y se traslada a Milán, al servicio de Ludovico Sforza, en donde permanecerá 17 años.

1483-1498
Pinta la *Virgen de las rocas* y *La Última Cena*, un fresco para Santa María delle Grazie de Milán.

▶ La Gioconda

La Gioconda, La Última Cena y la Virgen de las rocas quizá sean los tres cuadros más conocidos de Leonardo. El *Retrato de Lisa Gherardini*, esposa de Francesco del Giocondo, se conoce como *La Gioconda* o *La Mona Lisa*.

El 21 de agosto de 1911, el cuadro fue robado del Louvre por un antiguo empleado, un carpintero italiano, Vincenzo Peruggia, que quería devolverlo a Italia. El cuadro fue recuperado dos años después sin apenas daños.

◀ Excelente anatomista

Leonardo realizaba detallados estudios anatómicos a partir de sus observaciones sobre cadáveres, que diseccionaba en su curiosidad por investigar y descubrir todos sus secretos. Esta práctica estaba prohibida entonces.

▼▼▶ Inventos

«Cuando trabajo en máquinas bélicas, considero la cuestión desde los dos bandos. Pienso en artefactos que puedan tanto lanzar un asalto como proporcionar algún medio de protección ante el enemigo».

1499-1503

Se traslada a Venecia, donde proyecta la canalización del Arno y comienza *La Gioconda*.

1506

Regresa a Milán, llamado por Charles d'Amboise para ser arquitecto y pintor de la corte.

1516

Se traslada a Francia como pintor de la corte de Francisco I.

1519

El 2 de mayo muere en el castillo de Cloux en Francia. Lega sus bienes a Francisco Melzi, su alumno favorito.

Marianne (Alegoría de la República Francesa)
Hija de la Revolución

Marianne está discutiendo en casa. ¿Por qué quiere su padre que deje de estudiar? Afortunadamente, su madre es partidaria de que continúe su formación en una academia para señoritas, pero su padre, a pesar de ser un revolucionario, opina que la casa es el mejor sitio para las mujeres.

Marianne vive en París y el mundo está cambiando a su alrededor. Su padre es abogado y se encuentra siempre reunido con personas que hablan de revolución y en contra del rey, Luis XVI. A Marianne no le interesan esos temas y prefiere sus clases de Matemáticas, Latín, Historia, Literatura o Música. No sabe que pronto la revolución arrasará y cambiará todo su mundo.

◀ **La toma de la Bastilla**
El martes 14 de julio de 1789, los parisinos asaltaron la prisión de la Bastilla. A pesar de que esta fortaleza medieval solo custodiaba a siete prisioneros, su caída en manos de los revolucionarios supuso simbólicamente el fin del Antiguo Régimen y el punto inicial de la Revolución francesa.

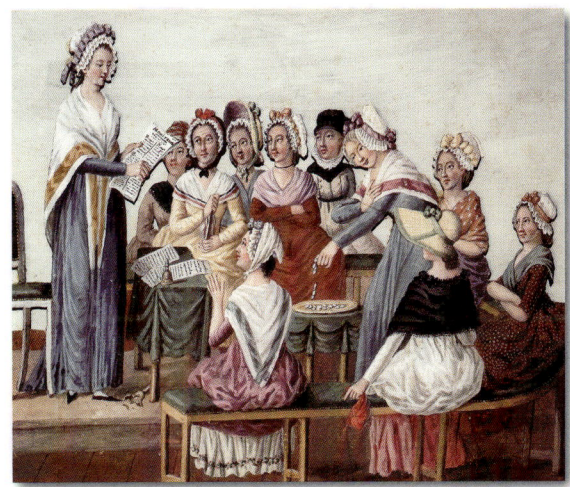

◀ Los salones

La madre de Marianne tiene un *salon*, que es una especie de tertulia en la que se tratan los problemas del momento, así como cuestiones filosóficas y culturales. Gracias a ello tiene la suerte de conocer todo lo que está pasando en su país. Aun así, Marianne no podrá hacer uso de todo este conocimiento, ya que las nuevas leyes liberales se han hecho para los hombres; ellas siguen relegadas a la casa.

◀▶ La moda

La moda se convirtió en un instrumento de propaganda ideológica. Los elegantes trajes de seda, como los que vestían María Antonieta y sus hijos, eran considerados enemigos de la Revolución. Se puso de moda el algodón, más ligero, así como el percal, la muselina y la gasa. Marianne viste con un vestido sencillo, inspirado en la antigua Roma, ligeramente ceñido en el talle, hasta por debajo del pecho, y luego suelto, con grandes pliegues.

«SI LA MUJER PUEDE SUBIR AL CADALSO, TAMBIÉN DEBERÍA PODER SUBIR A LA TRIBUNA».

Olympe de Gouges

▼ Reivindicaciones de la mujer

Las mujeres esperaban mucho de la Revolución, y expresaron sus reivindicaciones a través de peticiones, o cuadernos de quejas. Sus principales quejas eran la falta de instrucción femenina, la mortalidad en los partos, el derecho a ejercer un oficio o la protección de las costureras y bordadoras. Pero, aunque ayudaron a la Revolución, prácticamente se las mantuvo al margen de sus logros.

▶ Los derechos de la mujer

En vista de que las libertades que reclamaban y obtenían los hombres no llegaban a las mujeres, Olympe de Gouges escribió la Declaración de los Derechos de la Mujer y la Ciudadana, una adaptación de la Declaración de los Derechos del Hombre y del Ciudadano.

Maria Anna Mozart
Eclipsada por una sociedad machista

Maria Anna, a quien en casa llamaban Nannerl, comenzó a tocar el piano a los 7 años. Muy pronto mostró dotes tan prodigiosas como las que se revelarían en su hermano pequeño, Wolfgang Amadeus, años después.

Nació en Salzburgo, Austria. Durante su infancia, ambos vivían en un reino de fantasía que habían creado, y se entendían con un lenguaje secreto. Wolfgang llegó incluso a escribir en ocasiones en el diario de su hermana, como si fuera ella.

Nanerl se supeditó siempre a los deseos de su padre, y al hacerse mayor abandonó la música, a la que amaba. Tuvo que quedarse en casa mientras su padre y su hermano viajaban y cosechaban éxitos.

▶ **Clavecín**
Este instrumento era, junto al piano, el preferido de Maria Anna. Parece ser que también tenía grandes dotes para el canto.

◀ **La figura del hermano**
Pocos hermanos han sido tan cercanos como Maria Anna y Wolfgang: este comenzó a tocar el piano porque quería parecerse a su hermana mayor, a la que le encantaba ver y escuchar cuando interpretaba las piezas que su padre, Leopold, le hacía ensayar una y otra vez.

1751
María Anna Mozart nace en Salzburgo el 30 de julio. Es 5 años mayor que su hermano

ANNA SOBRE LOS 12 AÑOS

1758
Con tan solo 7 años, su padre, Leopold, le enseña a tocar instrumentos de cuerda como el clavecín y el piano.

SALZBURGO S. XVIII

◀ **Recorriendo Europa**

Los brillantes hermanos recorrieron las cortes europeas como un fenómeno musical, dando conciertos en las principales capitales europeas. Su padre, Johann Georg Leopold, ejercía como un mánager actual; firmaba contratos con suculentos beneficios para él y sus hijos.

CON APENAS **18** AÑOS, A PARTIR DE **1769** LOS VIAJES CESARON PARA NANNERL. EL PADRE DE AMBOS JÓVENES, LEOPOLD, DESATENDIÓ A MARIA ANNA PARA ENTREGARSE ENTERAMENTE A LA CARRERA DE SU HIJO, YA QUE ELLA HABÍA ALCANZADO LA EDAD DE CONTRAER MATRIMONIO.

▼ **Una hija obediente**

Maria Anna era una hija sumisa e incluso cuando se enamoró de alguien a quien su padre no aprobaba, aceptó renunciar a él y casarse en 1783 con la persona que se le designó. Vivió con su marido en una localidad cercana y enviudó 18 años después de casarse.

EN **1801** MARIA ANNA VOLVIÓ A SALZBURGO CON SUS HIJOS Y SUS HIJASTROS (SU MARIDO TENÍA **5** HIJOS DE MATRIMONIOS ANTERIORES). SU HERMANO HABÍA MUERTO EN **1791** Y DURANTE LOS ÚLTIMOS AÑOS APENAS HABÍAN TENIDO CONTACTO.
AL VOLVER A SALZBURGO DESCUBRIÓ LO DIFÍCILES QUE HABÍAN SIDO LOS ÚLTIMOS AÑOS DE WOLFGANG AMADEUS, Y AYUDÓ A SU CUÑADA A ESCRIBIR UNA BIOGRAFÍA DEL COMPOSITOR, RECUPERANDO ADEMÁS TODA LA CORRESPONDENCIA QUE ÉL HABÍA TENIDO CON SU FAMILIA.
FALLECIÓ A LOS LOS **78** AÑOS, LOS ÚLTIMOS DE ELLOS EN SOLEDAD.

1769
Su padre la obliga a retirarse de la música activa, pues, según las costumbres de la época, era hora de casarse.

1783
Aunque enamorada de otro hombre, su padre la obliga a casarse con Johann von Berchtold.

1785
Nace su hijo Leopold, quien pronto pasa al cuidado de su abuelo, que pretende hacer de él un nuevo Mozart.

1829
Muere en Salzburgo el 29 de octubre. Sus últimos años los dedica a enseñar música.

Elizabeth (Protegida por Dios)
Una niña trabajadora en la época victoriana

Aún no han salido los primeros rayos del sol y la madre de Elizabeth la despierta para ir a trabajar. Elizabeth se lava la cara en una palangana y se toma las gachas de avena que le ha preparado su madre. Enseguida sale de su casa y recorre las calles hasta la panadería donde trabaja. Para ella este es el mejor momento del día, antes de amanecer. Todo está tranquilo. Saluda a los niños que van a deshollinar las chimeneas y a los lecheros que vienen de las afueras y reparten las botellas de leche por las casas.

Estará en la panadería hasta que regrese a casa al anochecer, agotada, y durante el trayecto de vuelta pensará en que algún día a lo mejor podrá ir a la escuela y labrarse un futuro mejor.

◀ **La longeva reina Victoria**
El largo reinado de la reina Victoria de Inglaterra (1837-1901) marcó una época. Había nacido en 1819 y subió al trono a la muerte de su tío. Durante su reinado el Reino Unido se convirtió en el mayor imperio del momento y culminó su revolución industrial; toda una época de bonanza a la que se bautizó con el nombre de la reina: la época victoriana.

▲ *Oliver Twist*
La publicación de la novela de Charles Dickens fue un golpe para las clases más adineradas del Reino Unido, pues les mostró la realidad de cómo vivían los demás ciudadanos, y en especial los niños, más allá de sus opulentos y céntricos barrios.

◀ **Delincuencia infantil**
Elizabeth se cambia de acera cuando se cruza con bandas de niños. Viven en la calle y son engañados por bandas de delincuentes para que roben la cartera o el reloj a cualquiera que esté descuidado. A cambio de la mercancía robada reciben comida, refugio y protección.

▶ Niños trabajadores

Elizabeth ha tenido suerte. Otros niños trabajan desde los 4 años, y eso es legal. Algunos son tan pequeños que, para llegar a las máquinas, tienen que alzarse sobre banquetas o cajones.

▲ Sanguijuelas

En una ocasión, Elisabeth estuvo enferma y su madre le llevó sanguijuelas. Para conseguirlas, su madre tuvo que meterse en una charca con las piernas desnudas, igual que hacían otras mujeres. Así era como se curaban las enfermedades entonces: poniéndose sanguijuelas que chupaban la sangre.

◀ En las minas

La mina era un lugar duro y peligroso, y allí también trabajaban niños, pues las galerías eran muy estrechas y solo cabían los más pequeños. Arrastrar las pesadas vagonetas de mineral allí donde no entraban las mulas o los adultos era otro de sus cometidos. Hasta 1842 no se prohibió que las mujeres y los niños bajaran a las galerías.

La Revolución Industrial
Una época en la que trabajaban hasta los niños

Se la llama «revolución» porque hubo tal cambio con el nacimiento de la industria, que el mundo no volvió a ser igual. Sucedió en la segunda mitad del siglo XVIII a partir de un invento, la máquina de vapor, que permitió mover las máquinas por primera vez sin la ayuda de la fuerza de los animales. Esto modificó en un principio la manera de trabajar en los telares y en las tareas agrícolas, y acabó transformando el resto de las maneras de producir, de forma muy parecida a como la informática ha cambiado el mundo anterior a ella.

Esta transformación se inició en Inglaterra, donde el campo comenzó a producir mucho más, lo que ayudó a alimentar a la población. Las nuevas fábricas –principalmente textiles– que se instalaron en las ciudades atrajeron a mucha gente del campo. Todo comenzó a ir más deprisa.

◀▶ La máquina de vapor
Las mejoras que James Watt (derecha) introdujo en la máquina de vapor diseñada por Newcomen dieron lugar a la conocida como máquina de vapor de agua (izquierda), que resultó fundamental en el desarrollo de la primera Revolución Industrial, tanto en el Reino Unido como en el resto del mundo.

▼ Tren entre Liverpool y Manchester
Fue el primer ferrocarril basado exclusivamente en la energía del vapor, y se inauguró el 15 de septiembre de 1830.

1712
Thomas Newcomen, con su socio Thomas Savery, construye una máquina de vapor para bombear agua fuera de las minas de carbón.

MÁQUINA DE NEWCOMEN

1733
John Kay inventa la lanzadera volante, lo que permite tejer el algodón a mayor escala y velocidad que a mano.

CUENCA MINERA 1840

◀ Hombres contra máquinas

las nuevas máquinas destruían mucho empleo, dejando a cientos de trabajadores en la calle. Las protestas se extendieron por toda Europa. Los artesanos ingleses se unieron entre los años 1811 y 1816 en un movimiento llamado «ludismo». Los luditas atacaban los talleres de hilaturas para destruir las máquinas que les habían quitado su trabajo.

▼▶ Revolución agrícola

La aplicación de las máquinas de vapor a la agricultura en forma de tractores, cosechadoras, recolectoras, etc., liberó de un trabajo de semiesclavitud a numerosos niños, como el de la fotografía inferior.

1776
Aparecen publicadas las ideas liberales de Adam Smith en su obra *La riqueza de las naciones*.

1787
Primer barco enteramente fabricado de hierro. Este metal se empleará en puentes y edificios.

1829
George Stephenson desarrolla la primera locomotora de tracción a vapor.

1896
El italiano Marconi fabrica el primer radiotransmisor y realiza una emisión.

Ana Frank

Una niña judía durante el holocausto nazi

Ana vivía la vida normal de una niña de 13 años cuando su padre le regaló un diario. En él comenzó a escribir sus vivencias en forma de cartas a amigas imaginarias, como Kitty, y mostraba su personalidad generosa, parlanchina y optimista.

Aunque nació en Alemania, la precaria situación de los judíos hizo que su familia decidiera mudarse a Ámsterdam. Con el avance del ejército nazi y las leyes antisemitas, su vida cotidiana fue cambiando hasta el punto de que su familia se vio forzada a esconderse en unas habitaciones ocultas que había en la fábrica de su padre. Desde allí, Ana escribiría sus experiencias del día a día y sus sentimientos, tan universales, en una situación tan extraordinaria. Desgraciadamente, la policía los descubrió y toda la familia fue trasladada a un campo de concentración, donde, como muchas otras niñas, murió poco antes de que acabara la guerra.

◀ **Marcados con una estrella amarilla**
Los judíos eran obligados a llevar una estrella como esta, lo que les impedía utilizar transporte público, casarse con alemanes no judíos o ejercer libremente profesiones como la de médico o maestro, ya que solo podían atender a pacientes o alumnos judíos.

▲ **Antisemitismo**
Cuando, tras unas elecciones, Adolf Hitler, y con él el partido nazi, subieron al poder, comenzó a aplicarse una política antisemita y racista que veía como una amenaza para la cultura alemana la presencia en su país de judíos o gitanos, aunque ellos y sus familias llevaran años e incluso siglos viviendo allí.

▲ Su célebre diario

Ana comenzó a escribir su diario en junio de 1942, un día después de cumplir los trece años y tan solo unas semanas antes de que su familia se escondiera en la «casa de atrás», como la llamaban. Plasmó en él su vida cotidiana y sus pensamientos durante los dos años en los que estuvo escondida con sus padres, su hermana y otras cuatro personas. Fueron descubiertos el 4 de agosto de 1944.

DESPUÉS DE LA GUERRA, SU PADRE, EL ÚNICO QUE SOBREVIVIÓ DE LA FAMILIA, DECIDIÓ PUBLICAR EL DIARIO COMO HOMENAJE A SU HIJA Y PARA DAR A CONOCER EL TERRIBLE SUFRIMIENTO DEL PUEBLO JUDÍO DURANTE AQUELLOS AÑOS.

ANA QUERÍA SER ESCRITORA. ESCRIBÍA CUENTOS E INCLUSO EMPEZÓ UNA NOVELA.

▶ «La casa de atrás»

El 9 de julio de 1942, la familia se mudó a un escondite fabricado en la parte trasera de las oficinas del padre de Ana, oculta tras una librería. En la actualidad se ha convertido en un museo y puede visitarse.

◀ La familia fue trasladada al campo de concentración de Auschwitz. De allí Ana pasó al campo de Bergen-Belsen, en donde murió de tifus en marzo de 1945, solo unos días antes de que las tropas inglesas lo liberaran.

Los niños en las guerras mundiales

Víctimas inocentes

Nadie protege a los niños de la guerra. Son arrastrados sin compasión a los conflictos de los mayores y tienen que suplir en sus pueblos y ciudades a los hombres que marchan a luchar, trabajando en tareas de adultos, y también defendiéndose cuando sufren ataques o la invasión de tropas. A la vez, padecen otro tipo de violencia, la de la propaganda de guerra, que deshumaniza al enemigo y lo convierte en un monstruo, lo que arrebata su capacidad crítica y libertad de pensamiento. Los niños fueron los grandes perdedores durante la Primera y la Segunda guerras mundiales, y, lo más terrible de todo, perdieron su infancia.

◀▶ Juegos de guerra

Durante la I Guerra Mundial, una rama de los Boy Scouts, los Sea Scouts, colaboró con el ejército haciendo labores de vigilancia en la costa para avisar de la llegada de barcos enemigos a las costas inglesas.

◀ Niñas Guías

La rama scout femenina, la Asociación de Guías, se formó en 1910. Durante la Primera Guerra Mundial, las Guías asumieron muchos papeles. Recolectaron ropa para enviar a los soldados británicos en el frente, prepararon albergues de primeros auxilios para los heridos en ataques aéreos, recaudaron dinero para alimentos y brindaron asistencia en hospitales, oficinas y fábricas.

▶ Niños evacuados

Miles de niños fueron evacuados de las ciudades durante la Segunda Guerra Mundial y llevados a zonas más seguras alejadas de los bombardeos. Los niños partían hacia su nuevo hogar acompañados muchas veces de sus muñecos preferidos.

◀ Alfred Zech

Con solo 12 años de edad, obtuvo en 1945 la Cruz de Hierro de segunda clase por rescatar a soldados heridos mientras se encontraba bajo fuego enemigo.

Hacia el final de la guerra, con el ejército alemán mermado en todos los frentes, el alto mando alemán recurrió al alistamiento de niños de poco más de 10 años.

▶ El holocausto nazi

Miles de niños y niñas murieron durante la Segunda Guerra Mundial por el mero hecho de ser judíos, gitanos o tener alguna enfermedad degenerativa. A punta de metralleta, fueron sacados de sus casas y llevados a campos de concentración, donde, los que no eran válidos para trabajar o tenían menos de 14 años, pasaban directamente de los trenes a las cámaras de gas.

Emma Watson
La célebre Hermione Granger

Hermione es inteligente y decidida, y además tiene algo especial: ha decidido ser maga, a pesar de ser una *muggle*, una niña normal. En realidad Hermione es un personaje de ficción, pero la niña que encarna su papel tiene las mismas cualidades, salvo sus poderes mágicos. Emma fue protagonista de las ocho entregas de la saga de Harry Potter, y además tiene la fortuna de contarse entre los pocos niños prodigio del cine a los que la fama prematura no ha arruinado su vida. Emma se empeñó en ir a la universidad, que tuvo que compatibilizar con su trabajo, y se graduó en Literatura Inglesa el año 2014. Después de la saga, ha seguido participando con éxito en distintas películas, trabaja asimismo en el mundo de la moda y, además de sus actividades filantrópicas, tiene un club de lectura sobre libros feministas: *Our Shared Shelf.*

◀▲ **Trío singular**
Emma fue elegida para interpretar a Hermione, la protagonista femenina de la serie Harry Potter, a la edad de nueve años. Anteriormente solo había participado en obras de teatro escolares. Junto con Daniel Radcliffe y Rupert Grint, formó un trío de amigos inolvidable, que evolucionaron a la vez que ellos mismos crecían como personas en la vida real. Los tres han sido galardonados con varios premios por su trabajo en esta serie.

CURIOSIDADES

EN SU BLOG SE LEE CADA DOS MESES UN LIBRO ESCRITO POR UNA MUJER, Y LUEGO SE COMENTA.

UNO DE SUS AUTORES FAVORITOS ES CARLOS RUIZ ZAFÓN, POR *LA SOMBRA DEL VIENTO* Y *EL JUEGO DEL ÁNGEL*.

CONTINÚA CON EL MISMO CHÓFER QUE LA LLEVABA A LOS ESTUDIOS DE RODAJE CUANDO ERA NIÑA.

LE ENCANTAN LAS FRESAS... Y LA NUTELLA.

SU LIBRO DE LA SAGA PREFERIDO ES *EL PRISIONERO DE AZKABAN*, Y SU PERSONAJE PREFERIDO, HAGRID.

▲ El principio... y el fin

En *Harry Potter y la piedra filosofal*, la primera película de la serie, cautivó a todos con su mirada inteligente y su carácter resuelto. Fue el pegamento que unió a Ron y a Harry. Tras ocho películas, ya casi una mujer, Hermione une su destino al de Ron.

▼ Carrera prometedora

Tras el final de la saga de Harry Potter, Emma inició una prometedora carrera profesional en cine y televisión, con títulos como *Ballet Shoes*, (2007), *Mi semana con Marilyn* (2011), *Noé* (2014) o *Mujercitas* (2019).

▶ Modelo

Su debut en el modelaje se produjo en 2009, después de protagonizar la campaña británica otoño/invierno de la marca Burberry. A partir de 2011, se convirtió en el rostro de Lancôme. Todas estas actividades no la impidieron licenciarse por la Universidad de Brown (EE.UU.) en 2014.

41

El fantástico mundo de Harry Potter

Sus historias han fascinado a millones de niños

Cuando dio comienzo la famosa saga de novelas de J.K. Rowling, basadas en el *best seller* cuyo protagonista era un niño tímido, huérfano y aprendiz de mago llamado Harry Potter, pocos podían imaginar que iba a marcar toda una época.

Tras morir sus padres siendo él un bebé, Harry Potter es recogido a regañadientes por sus tíos, y le obligan a dormir en el hueco de debajo de la escalera. A los diez años recibe insistentes cartas que sus tíos le esconden: son una invitación para asistir al Colegio Hogwarts de Magia y Hechicería...

◀▲ Estudios y trabajo

J.K. Rowling hizo estudios universitarios de Filología Francesa y Clásica, trabajó en Amnistía Internacional y finalmente encontró trabajo como secretaria ejecutiva. La insatisfacción por este trabajo y la prematura muerte de su madre por esclerosis múltiple sacaron a la superficie su deseo de escribir.

1997
Se publica *Harry Potter y la piedra filosofal*, el primer libro de la serie. En España sale a la venta en marzo de 1999.

1998
Harry Potter y la cámara secreta. En español se publica en 1999.

1999
Harry Potter y el prisionero de Azkaban. En español se publica en 2000.

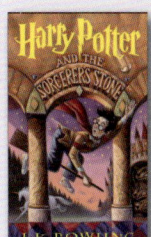      

▲ Rechazo editorial

Los inicios de J.K Rowling en el mundo editorial no fueron fáciles, y, cuando ofreció el manuscrito de su primera novela, fue rechazado por varias editoriales de prestigio. En 1997, ya a punto de tirar la toalla, lo presentó a Bloomsbury Publishing, una editorial independiente conocida por sus novelas. Las ventas se dispararon. Cada nuevo libro era esperado con tal expectación que los lectores soportaban colas de toda la noche hasta que abrían las librerías.

▼ Rica y famosa

De tener dificultades para llegar a fin de mes, a poseer una de las mayores fortunas del Reino Unido. El príncipe Guillermo de Inglaterra invistió el 12 de diciembre del 2017 a la escritora como miembro de la Orden de los Compañeros de Honor, un selecto grupo de no más de 65 personas a las que la monarquía británica honra por su aportación a las artes, las ciencias y la política.

▲ Y el cine hizo el resto

La exitosa publicación de la serie Harry Potter se convirtió en un fenómeno a escala global tras su adaptación al cine. Sus películas tuvieron tanto éxito que los libros volvieron a venderse por millones.

2000
Harry Potter y el cáliz de fuego. En español se publica en 2000.

2001
Se estrena la primera de las películas de la serie, *Harry Potter y la piedra filosofal.*

2003-2016
Rowling publica los siguientes 3 nuevos títulos de la serie.

2018
Se publica el cuarto título de su primera serie para adultos, *Cormoran Strike,* que inició en 2013.

Lika (Mensajera)
Niña del futuro

Lika procura no soñar, porque cualquier sueño que registre su cerebro lo recoge su ciber-mascota, que intenta cumplir lo que cree que son sus deseos más profundos. Aún recuerda cuando tuvo un horrible sueño de gusanos que la devoraban y se encontró al despertar su pesadilla hecha realidad con miles de gusanos que le había traído diligentemente su querida mascota. Lika no necesita ir al colegio porque a través de su tableta está conectada a la profesora y al resto de las niñas de su clase.

Tampoco va de compras, porque su ciber-ropero le ofrece cientos de combinaciones y ella elige cada mañana la que prefiere un par de minutos antes de quedar vestida a su gusto...

▼ El futuro

No sabemos si las niñas del futuro serán como Lika, ya que la historia nos da muchas sorpresas y va muy deprisa en algunas cosas y más despacio en otras. Aparecerán adelantos técnicos que no sospechamos, y nuevos problemas a los que habrá que encontrar solución.

QUÉ SERÁ, SERÁ

LA PELÍCULA DE CIENCIA FICCIÓN *BLADE RUNNER* PROPONÍA UN FUTURO POBLADO DE REPLICANTES EN 2019; ESTO AÚN NO HA OCURRIDO, Y AFORTUNADAMENTE NUESTRO MUNDO ES MÁS GRATO QUE EL QUE IMAGINABA LA PELÍCULA.

◀ Nuevas terapias

Muchas personas, como consecuencia de un accidente, o por una enfermedad, están condenadas a no poder caminar de por vida. Gracias a la biónica, los ingenieros están creando exoesqueletos que les permitirán desplazarse con cierta autonomía, y, tal vez, en un futuro cercano, la terapia genética pueda curar su enfermedad.

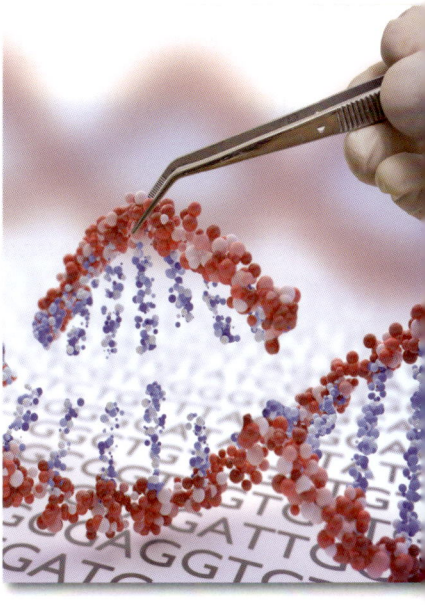

▶ Mapa de ADN

Los padres de Lika obtuvieron su mapa de ADN al poco de nacer, de modo que pudieron prever muchas de las enfermedades que iba a tener, curándolas con terapia genética y células madre. Lika, seguramente, vivirá más de cien años.

EL RETO DE LA SOCIEDAD EN LA QUE VIVE LIKA ES LA CONVIVENCIA: ¿CÓMO DESARROLLA ELLA SUS HABILIDADES SOCIALES SI NO ACOSTUMBRA A TENER UNA RELACIÓN REAL Y FÍSICA CON LAS PERSONAS CON LAS QUE SE CONECTA A DIARIO?

▶ Hiperconectados

La vida social de Lika se lleva a cabo casi totalmente a través de Internet. Allí encuentra a sus amigos y se conecta con robots y cíborgs, así como con objetos inanimados. El ciberespacio le ofrece también experiencias de realidad virtual, holográficas en 3D, simulaciones táctiles, olfativas y gustativas...

◀ A la conquista de Marte

Las piezas para lograr instalar una estación espacial marciana serán transportadas durante decenas de años. Por fin se hará realidad el sueño de Ray Bradbury: la vida humana en Marte. Este escritor también alertó de los peligros de continuar las guerras en la Tierra y de que, de seguir así, llegaría un día en que los robots serían los únicos seres que se pondrían a trabajar al sonar el despertador una mañana en Marte.

Niñas de América

2

La historia de América ha estado determinada por un hecho crucial, la llegada de los descubridores a partir de 1492. Para las distintas civilizaciones que lo poblaban aquello fue un punto de inflexión, marcando un antes y un después. América se ha caracterizado desde entonces por su dinamismo y por acoger a un alto porcentaje de emigrantes. Todo esto ha hecho de este continente uno de los más ricos y variados del planeta.

Anayansi (La llave de la felicidad)
Una niña azteca durante la conquista española

Como hijos de agricultores, Anayansi y su hermano ayudan a sus padres a recoger la cosecha de maíz y a acarrear las mazorcas hasta casa. Mientras que su hermano acompaña a su padre al mercado, a pescar y a buscar leña, su madre le enseña a ella las tareas del hogar y, a la vez, a ser obediente, humilde y respetuosa, una esposa ideal para cuando forme su propia familia. Lo que más le gusta hacer a Anayansi es cocinar; le salen muy bien las tortillas de maíz. Desde que han llegado los extranjeros españoles, todos están inquietos. Anayansi tiene miedo por su padre y su hermano: si se declara una guerra, tendrán que ir a luchar.

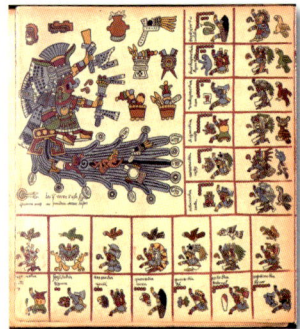

▶ Escritura

A Anayansi le fascinan los dibujos que ha visto hacer a los escribas. La escritura azteca se basa en pictogramas (cuando el dibujo se representa a sí mismo, como, por ejemplo, un ojo que significa «ojo») e ideogramas (cuando el dibujo representa un concepto relacionado con él; por ejemplo, un ojo que significa «ver»).

◀ Calendario azteca

La astronomía forma parte de la religión de Anayansi. El calendario marca las fechas de las grandes celebraciones, por lo que los aztecas lograron fijar un calendario muy preciso. Este monolito, que se ha datado en torno a 1479, es un calendario azteca, que representa al dios Sol en el centro.

▶ Educación estricta

Anayansi tiene mucho cuidado de no desobedecer a sus padres. Para ellos, ella y su hermano son un bien, así que los cuidan y los educan. Pero no tienen dudas a la hora de aplicar castigos por mal comportamiento, incluso castigos tan severos como este: hacerles inhalar el humo de pimientos picantes, que irrita los ojos, la nariz y la boca.

▶ Difícil convivencia

El choque cultural entre los
españoles y los aztecas dio lugar a
una convivencia difícil en los inicios que
desembocó en continuas guerras y revueltas.

▼ Vivir entre canales

Tenochtitlan, la grandiosa capital azteca, estaba construida
sobre una laguna, y las familias vivían y cultivaban sus tierras
sobre pequeñas islas flotantes, llamadas «chinampas», que
estaban ancladas al terreno.

▼ Maíz, chile y cacao

La base de la alimentación azteca era el maíz,
del que contaban con distintas variedades,
así como los frijoles (judías) y los chiles
(pimientos). La sal era también muy valorada.
Con el cacao elaboraban una bebida muy
apreciada como estimulante, que estaba
reservada solo para los nobles.

Las víctimas sagradas
Los sacrificios humanos entre los aztecas

Como sucedía en otras muchas culturas antiguas, los sacrificios humanos formaban parte de las prácticas religiosas de los aztecas. Ofrecían víctimas a los dioses para aplacar su ira y ganarse su benevolencia, y siempre eran ejecutadas siguiendo un ritual que variaba dependiendo del calendario y de la finalidad del sacrificio. Uno de los rituales más impresionantes era la extracción del corazón de la víctima, que luego se quemaba como ofrenda; la sangre se recogía y el cuerpo era decapitado y arrojado por las escalinatas del templo.

▶ **Quetzalcóatl**
Considerado dios de la Vida, era una de las divinidades principales de la mitología azteca. Su nombre hace alusión a un ave de plumas muy hermosas (*quetzal*) y a una serpiente (*coatl*), por lo que también se le conoce como la Serpiente Emplumada.

▼ **Ruinas del Templo Mayor**
El Templo Mayor era el edificio más impresionante de Tenochtitlan, y el centro tanto de la vida religiosa como política.

◀ **Prisioneros de guerra**
Los aztecas eran un pueblo muy belicoso y obtenían grandes botines de sus continuas guerras, así como numerosos prisioneros, que, por lo general, utilizaban como esclavos y en ocasiones sacrificaban a sus dioses.

1363
Muere Ténoch, considerado el primer emperador de los mexicas.

1509
Diez años antes de la llegada de los españoles, Moctezuma tiene una serie de visiones que anticipan su llegada.

1519
Los españoles arriban a las costas de Veracruz. Moctezuma envía a sus embajadores a su encuentro.

▼ Sacrificios humanos

Pese a lo que se ve en las películas, el corazón de la víctima no se arrancaba rajando el pecho; el ritual consistía en extraerlo por debajo del esternón seccionándolo con un puñal de obsidiana.

◄ El tzompantli

Los aztecas tenían por costumbre decapitar a las víctimas que sacrificaban. Tras el ritual, los sacerdotes les agujereaban el cráneo y lo colgaban formando una empalizada de planta cuadrada o circular, como una torre. Esta estructura se llama «tzompantli», y su visión debía de ser aterradora. Los aztecas la usaban precisamente para infundir miedo en sus enemigos. Recientemente se ha descubierto una de estas torres en el Templo Mayor de Tenochtitlan.

1519

Se produce en Tenochtitlan el encuentro entre Moctezuma y su corte con Hernán Cortés.

1521

Tras la muerte de Moctezuma y la posterior sublevación, Cortés reconquista la ciudad.

Suyái (Esperanza)
Una niña en el Perú prehispánico

Suyái es hija de artesanos. Tiene 6 años y ya la consideran con edad para colaborar en las labores de los adultos. Su madre, que lleva colgado a la espalda al hermanito pequeño mientras trabaja, es su maestra; de ella aprende a cocinar, limpiar, hilar y tejer. Sentada en el suelo con su pequeño telar sobre las piernas, pasa muchas horas entrelazando las hebras de algodón, y las de lana de vicuña y de alpaca. De momento hace solo prendas sencillas, pero imagina dibujos coloridos y quién sabe si llegará a bordarlos en los preciosos trajes de los nobles.

◀▶ El imperio inca

El pueblo de Suyái surgió en la región de los Andes sudamericanos. El reino inca doblegó a otros pueblos y se convirtió en un gran imperio bajo el mandato de Pachacútec. La capital se estableció en Cuzco (o Cusco), que pasó a ser la ciudad más importante de América del Sur. Tras su reinado, el imperio siguió expandiéndose hacia el norte y el sur, a pesar de las rebeliones que surgían entre los pueblos anexionados.

◀▲▶ Chimús y mochicas

Previas a la civilización inca existieron en Perú otras culturas que alcanzaron un gran desarrollo, como la chimú y la mochica. Ambas mostraron una gran pericia en sus trabajos de cerámica y orfebrería en oro

La organización social

▲ Suyái pertenece a una clase social compuesta por artesanos y agricultores (arriba), que son la mayoría de la población libre, pues por debajo de ellos están los esclavos. Los agricultores cultivan fundamentalmente patatas y maíz.

◀ Las clases superiores están formadas por los mandos políticos y militares, así como los sacerdotes. Por encima de todos ellos está el monarca, considerado hijo del Sol.

▼ Arquitectura de precisión

Los incas sabían encajar las piedras de sus construcciones como piezas de un rompecabezas. También son característicos sus «almohadillados», sillares de piedra tallados como si estuvieran comprimidos por el peso.

Las cumbres de Machu Picchu

La ciudad perdida de los incas

Las impresionantes ruinas de Macchu Picchu debieron de ser en su origen un santuario religioso. Tuvieron su época de esplendor en tiempos del inca Pachacútec, que mandó construir edificios impresionantes. Pero, con la guerra civil entre los incas y la invasión de los españoles a continuación, los edificios principales fueron abandonados, y los colonos que provenían de otras regiones se volvieron a sus lugares de origen. La zona quedó aislada y apenas habitada durante mucho tiempo. A principios del siglo xx un niño del lugar mostró a Hiram Bingham, un profesor de Historia norteamericano, los edificios cubiertos por la vegetación. Él apreció la importancia de aquellas grandiosas construcciones y dirigió las labores arqueológicas que permitieron dar a conocer la extraordinaria ciudad.

1450
Pachacútec manda construir una ciudad con suntuosos edificios civiles y religiosos.

1529-1532
Se desata una guerra civil por el trono inca entre los partidarios de Huáscar y los de Atahualpa.

1535
Pizarro comienza la colonización de las tierras conquistadas a los incas.

Gobernador

Contable y tesorero

Correo

▲ Una civilización avanzada

Entre los oficios incas, además del gobernador y el contable y tesorero, que calculaba con un quipu de cuerdas, estaba el correo, que corría por los caminos para llevar las noticias.

LOS INCAS CONSTRUYERON UNOS SESENTA MIL KILÓMETROS DE VÍAS QUE COMUNICABAN LAS POBLACIONES MÁS IMPORTANTES DEL EXTENSO IMPERIO.

▲ El Q'eswachaka

El «puente de cuerda» en quechua, suspendido sobre el río Apurímac en el sur de Perú, se reconstruye cada año mediante un ritual de renovación que termina con festejos.

▶ Una agricultura muy eficiente

Para superar las dificultades del terreno, construyeron andenes, que son terrazas artificiales en las laderas de las montañas con las que se aprovechaba muy bien el agua de la lluvia, que conducían mediante canales de un andén a otro, evitando, de paso, la erosión del suelo.

1911
Hiram Bingham «descubre» Machu Picchu y dirige luego los trabajos arqueológicos.

1913
Los hallazgos se publican en la revista *National Geographic*.

1983
El sitio es considerado Patrimonio de la Humanidad por la Unesco.

Mahpee (Cielo)
Una niña siux de las praderas

La madre de Mahpee le ha pedido que la ayude a desmontar su tipi, como ya están haciendo el resto de las mujeres de la tribu. Los hombres han avisado de que la manada de bisontes ha empezado a desplazarse hacia el sur en busca de pastos. Mahpee y su madre hacen fardos con las pieles que han estado curtiendo, luego empaquetan las provisiones con la rapidez que les da la práctica y lo cargan todo sobre parihuelas. Por último, se ponen en la espalda a los niños más pequeños, bien sujetos con tiras de cuero, y se ponen en marcha con la enorme pradera por horizonte.

▶ **Vivir en un tipi**

Muchas de las tribus que habitaban en la región de las grandes llanuras de Norteamérica, como los siux, eran nómadas e iban siguiendo a los bisontes. Su vivienda, el tipi, fácil de armar y de transportar, se adaptaba bien a este tipo de vida. Consistía en unas varas sujetas en forma de cono cubiertas con piel de bisonte que a menudo decoraban con dibujos de caza y motivos geométricos.

◀▼ **Vestir con pieles**

Mahpee pasa muchas horas con sus amigas y las mujeres ancianas de la tribu trabajando las fuertes pieles de bisonte para conseguir que se vuelvan suaves y flexibles. Con ellas se fabricarán todo tipo de vestimentas, como la que luce Mahpee, o los mocasines de la imagen inferior.

◀ Hombres muy coquetos

El arreglo personal y la ornamentación con collares de cuentas y plumas estaba muy extendido entre los hombres, y las mujeres participaban acicalando a sus maridos.

MUCHOS GUERREROS SE REBELARON CONTRA LA INVASIÓN DEL HOMBRE BLANCO Y LUCHARON FIERAMENTE. ALGUNOS LLEGARON A SER CÉLEBRES, COMO CABALLO LOCO, NUBE ROJA O TORO SENTADO (ABAJO).

▶ El jefe de la tribu

Era elegido entre los guerreros más valientes y era respetado, pero era más importante la opinión del consejo de ancianos, considerados sabios, que se reunían en torno al fuego para tomar sus decisiones.

▼ A la caza del bisonte

El bisonte era fundamental para las tribus de las llanuras, pues su carne era su principal fuente de proteínas. Además, les suministraba tendones con los que tensaban sus arcos, pieles para sus tiendas y vestidos, huesos para hacer agujas y flechas... Con la llegada de los europeos el bisonte estuvo a punto de extinguirse.

Jennifer (Espíritu luminoso)
La dura vida de los colonos

Jennifer viaja hacia Misuri en una carreta junto con su padre, que la conduce, su madre, su hermana menor y el pequeño, que apenas anda. Al principio le costó, pero ya se ha acostumbrado a su casa sobre ruedas, a los saltos bruscos en los baches y al tintineo de los cacharros que cuelgan en la carreta. Le gustaría jugar con otras niñas de la caravana cuando hacen paradas y enseñarles su muñeca de trapo, pero le toca vigilar a su hermanito, y es tan inquieto que tiene que mantenerlo a salvo de los escorpiones, las serpientes, los pisotones de los caballos...

◀ La fiebre del oro

Los colonos que se lanzaban a la conquista del Oeste para obtener nuevas tierras de cultivo y zonas ganaderas (como la familia de Jennifer), se topaban durante el viaje con numerosas expediciones cuya única finalidad era buscar los ricos yacimientos de oro que había en el país.

▼▶ A la conquista del Oeste

La principal ruta que los colonos siguieron con sus caravanas de carretas iba desde Misuri hasta Oregón, atravesando las llanuras centrales de Norteamérica, y se conoce tradicionalmente como «the Oregon Trail» (la Ruta de Oregón).

Ruta de Oregón

▶ La otra protagonista de esta historia

La carreta es, junto a Jennifer, la otra protagonista de esta historia. Tirada por bueyes o caballos, transportaba no solo a las personas, sino todo lo que estas necesitaban para el viaje, desde las provisiones hasta una pequeña estufa de leña.

▶ Familias enteras

Con gran valor, se lanzaban hacia lo desconocido, a la búsqueda de una vida mejor, aunque muchos de sus miembros se quedaban por el camino.

▼ Peligros infinitos

El viaje era muy duro, fatigoso y largo. Y había que sortear todo tipo de peligros, desde ataques de animales y de indios a ríos desbordados o fuertes temporales de nieve en invierno.

◀▼ La caravana

Los colonos se unían formando largas caravanas. El viajar en grupo hacía más soportable la marcha, y con la ayuda de otros se tenían más posibilidades de sobrevivir. Al terminar el día, las carretas formaban un círculo; podían defenderse mejor en el interior de él en caso de sufrir un ataque.

Margaret (Perla)
La hija del amo en una plantación sureña

Los días de verano se le hacen largos y aburridos a Margaret. Hace mucho calor y no puede salir a pasear hasta que el sol baja. Por la mañana el profesor de música la obliga a tocar el piano. Por la tarde borda un poco y se entretiene imaginando cómo será el vestido que llevará en el baile de presentación, en el que pasará a ser una jovencita y al que acudirán los pretendientes. Dibuja los modelos que se le ocurren, llenos de lazos y volantes. A veces se divierte con los hijos pequeños de los esclavos, que bailan para ella. De los campos llegan las canciones melancólicas que cantan a coro los esclavos. Estas canciones serán el origen de dos importantes géneros musicales autóctonos de Norteamérica, el blues y el jazz.

▼ La casa de la plantación

La casa de Margaret es una mansión en una plantación del sur de Estados Unidos. Allí trabajan muchos siervos, tanto en la casa como en los campos, así que Margaret no tiene que preocuparse por hacer ninguna tarea del hogar. Ella a veces se pregunta cómo se sienten los hijos de los esclavos, pero nunca lo ha hablado con nadie porque no parece importarle mucho a ninguno de sus familiares....

▶ El señor de la plantación

El padre de Margaret es el dueño de la plantación, el «amo» con poder sobre sus esclavos para imponer castigos, venderlos o incluso concederles la libertad.

EL TRABAJO DE LOS ESCLAVOS SE EXTENDÍA A TODO TIPO DE ACTIVIDADES, DESDE SERVIR EN LA CASA A PARTICIPAR EN LA MANUFACTURA DEL ALGODÓN UNA VEZ RECOLECTADO.

▶ Muñeca esclava

Margaret tiene una muñeca como esta. Representa a una esclava negra y hoy nos muestra hasta qué punto estaba asumido que los negros habían nacido para estar al servicio de los blancos... incluso en sus juegos infantiles.

Kimani (La que es bella y dulce)
Esclava desde su nacimiento

Kimani se levanta cuando todavía es de noche, como sus padres. Aunque aún tiene pocos años, se ocupa de limpiar la vivienda, cuidar a su hermano pequeño y mantener caliente la sopa en el caldero. Sus padres trabajan en la plantación. No vuelven a casa hasta que la luz se ha ido, y llegan tan cansados que a veces no tienen fuerzas ni para comer.

Kimani siempre tiene hambre. A veces, la señora de la casa grande la envía a hacer recados, como dar mensajes a los que están en los campos, porque sus piernas flacas son veloces. Y ella corre mucho, esperando tener la suerte de que le toque alguna recompensa: una corteza de pan, una manzana...

▶ **Extrema pobreza**
La casa de Kimani se parece mucho a la de la imagen, aunque esta hoy forma parte de un museo. Una cama, un hogar y alguna silla para sentarse eran todas sus posesiones.

▲ El negocio algodonero

Antes la guerra civil norteamericana (la Guerra de Secesión), en 1861, el algodón cultivado por esclavos se exportaba a todo el país y resto del mundo. Era uno de sus productos más valiosos.

▶ Esclavos de por vida

La mayoría de los esclavos nacían y morían en una misma plantación. Otros eran vendidos sin más si el dueño de las tierras pasaba por dificultades económicas.

LA LIBERTAD

ALGUNOS ESCLAVOS RECIBÍAN LA LIBERTAD A LA MUERTE DE SUS DUEÑOS, O CUANDO YA ERAN DEMASIADO VIEJOS PARA SEGUIR TRABAJANDO. SIN EMBARGO AUNQUE LOS PADRES FUERAN LIBRES, SI LOS HIJOS HABÍAN NACIDO EN LA PLANTACIÓN MIENTRAS SUS PADRES ERAN ESCLAVOS, ELLOS LO SEGUÍAN SIENDO.

▼ la flor del algodón

La parte que utilizamos del algodón para obtener el hilo con el que se fabrica tanta ropa son unas pelusas de color blanco muy densas que la planta genera como forma de proteger a las semillas.

La trata de esclavos
Seres humanos tratados como mercancía

Una de las páginas más vergonzosas y crueles de la historia de la humanidad se escribió con los esclavos que fueron llevados al Nuevo Mundo. Cazados como animales, eran vendidos en las costas de África y tratados como mercancía sin derechos. Eran empleados sobre todo en labores agrícolas en las grandes plantaciones de algodón y caña de azúcar, soportando jornadas agotadoras. Hombres, mujeres y niños eran considerados útiles para el trabajo, y los castigos eran habituales. Tuvieron que pasar muchos años hasta que la semilla de la rebelión se extendió entre ellos y una defensa valiente de los derechos humanos consiguió abolir esta despreciable práctica.

◀ **Un hábito milenario**
Este aberrante negocio no era nuevo: desde la antigüedad el hombre ha sometido a esclavitud a los pueblos que conquistaba.

EN LA ANTIGUA ROMA SE UTILIZARON NUMEROSOS ESCLAVOS, PERO, CON EL CRISTIANISMO, EL NÚMERO DE ELLOS DESCENDIÓ. EN LA EDAD MEDIA YA ERAN ESCASOS, Y GOZABAN DE ALGUNOS DERECHOS. EN 1860 LLEGÓ A ALABAMA EL ÚLTIMO BARCO NEGRERO.

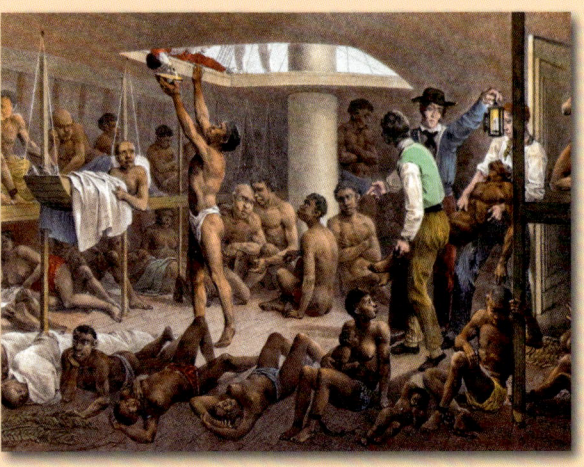

▶ **El comercio triangular**
Los barcos negreros seguían una ruta triangular: partían de Europa occidental, paraban en las costas africanas, donde intercambiaban productos por esclavos, y hacían viaje hacia el Caribe. Allí, los esclavos eran vendidos y el barco se cargaba de productos coloniales, como café, tabaco o azúcar.

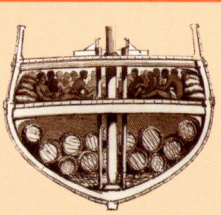

1502
Los españoles introducen los primeros esclavos negros en las islas del Caribe.

1600
La población precolombina casi había desaparecido en el Caribe, por lo que aumentó la afluencia de esclavos negros.

1619
Un barco negrero holandés introduce la población negra en Estados Unidos.

◀ Mercados de esclavos

Los esclavos se subastaban al mejor postor.

▼ Publicidad de estas macabras subastas conservada en el Boone Hall Plantation, el museo de una antigua plantación en Charleston, Carolina del Sur.

▶ Castigos

La más mínima falta por parte de un esclavo era castigada con enorme crueldad; podía recibir azotes con un látigo o ser marcado a fuego con hierros candentes. Si había intentado fugarse, le podían obligar a llevar un collar de hierro con dos campanillas.

> EXISTÍAN OTRAS FORMAS DE PERDER LA LIBERTAD, COMO, POR EJEMPLO, SER CONDENADO POR ALGUNA FALTA.

▶ Esclavos blancos

No solo hubo esclavos negros en América. Los ingleses enviaron a las colonias norteamericanas a miles de irlandeses (católicos, la mayoría) que se habían rebelado contra la opresión inglesa. Eran vendidos a los colonos como mano de obra, tanto hombres como mujeres o niños. Eran un gran negocio, pues resultaban incluso más baratos que los negros.

1663
En Maryland, por ley, todos los negros importados debían ser considerados esclavos.

1789
Thomas Clarkson funda la Sociedad para la Abolición de la Esclavitud, que dio impulso a otras.

1832
Inglaterra proclama la abolición de la esclavitud. En España no se sanciona por decreto hasta 1867.

Nuiana (Pequeña nube)
Entre hielos y osos polares

El invierno está a punto de acabar y Nuiana ha cumplido 9 años. Su padre le ha regalado unas gafas de hueso que él mismo ha tallado; tienen una estrecha ranura para que no la ciegue el sol al reflejarse en la nieve. Su madre le ha hecho un bonito anorak de piel de foca con la capucha ribeteada de piel de zorro, y además le ha regalado su primera aguja, fundamental para sobrevivir en aquellos parajes gélidos. Mientras fuera de su vivienda todo estaba oscuro y bramaba el temporal, su padre le ha contado cuentos antiguos sobre las riquezas de la vida: la inteligencia, la valentía y el amor.

EL TÉRMINO «ESQUIMAL» HA SIDO REEMPLAZADO POR EL DE «INUIT», QUE ES COMO LOS HABITANTES DE ESTAS REGIONES ÁRTICAS PREFIEREN LLAMARSE A SÍ MISMOS.

◀ **La vivienda**
La vivienda tradicional inuit donde vivía Nuiana era de piedra y turba, con el techo abovedado sostenido por maderos, dientes de ballena o huesos de morsa, y se entraba por un túnel. Hoy los inuit viven en una casa de madera como estas de Kulusuk, un pueblo de Groenlandia.

◀ **El iglú**
Era el refugio donde Nuiana y su familia se guarecían del temporal cuando iban de caza. Lo construían rápidamente cortando bloques de hielo y tenía forma redondeada y un túnel a la entrada.

Familia

Los lazos de la familia de Nuiana se refuerzan ante la necesidad que tienen unos de otros para sobrevivir en un medio tan duro. Cada miembro de la familia tenía asignada una tarea.

SU TERRITORIO SE EXTIENDE POR UNA AMPLIA FRANJA DE NORTEAMÉRICA Y GROENLANDIA.

Ropa a prueba de hielos

Los inuit siempre han vestido con pieles de caribú (izquierda) o de foca, la materia prima con la que los habitantes de los hielos confeccionaban unas prendas sin apenas costuras en el exterior para evitar perder el calor corporal. Estos vestidos de pieles eran sus posesiones más valiosas.

Cazar o ser cazado

Los inuit viven fundamentalmente de la caza y la pesca, y las focas son su principal fuente de proteínas. Pero tanto Nuiana como sus padres deben estar atentos a su entorno, pues, a su vez, ellos pueden ser presa de los temibles osos polares, que pueden llegar a medir hasta 3 m de longitud y alcanzar los 450 kg de peso.

Tashi (Hormiga)
La felicidad de vivir en un pueblo siempre sonriente

A Tashi le encanta ir a recoger nueces y hacerse pulseras con su cáscara. Ha empezado a preparar su ideyá, la hermosa diadema de plumón, y está deseando estrenarla. Pertenece al pueblo zoé, que ha vivido aislado desde tiempos inmemoriales en la densa selva entre los ríos Erepecuru y Cuminapanema, en el norte de Brasil. Pero en las décadas de 1940 y 1950 los cazadores de jaguares y otros felinos salvajes, que comercian con sus pieles, alteraron la paz de la selva. Después comenzaron a adentrarse en territorio zoé los buscadores de oro y los recolectores de nueces del Brasil, poniendo en peligro la existencia de este pueblo con sus enfermedades y su forma de vida codiciosa que no respeta el equilibrio natural.

◀ La maloca
La casa de Tashi se llama «maloca», y es una simple techumbre de hojas de palma abierta por los lados. En ella viven varias familias acompañadas de sus mascotas, que suelen ser monos o loros.

EL PUEBLO DE TASHI APRECIA LAS NUECES DEL BRASIL; POR ESO MUCHOS ZOÉS VIVEN JUNTO A LOS ÁRBOLES QUE DAN ESTE FRUTO. ADEMÁS DE COMERLO, ELABORAN CON LA CÁSCARA BRAZALETES, Y CON LA FIBRA QUE CONTIENE, TEJEN SUS HAMACAS.

◀▶ Adornos que los identifican

La ideyá
Es una diadema hecha de plumón de zopilote, un buitre amazónico; las niñas empiezan a utilizarla tras su primera menstruación.

El puturú
Lo llevan hombres y mujeres. Es un palo de madera que se inserta bajo el labio inferior y que les acompaña toda su vida. El primero se coloca a los siete años; poco a poco se van colocando uno mayor, hasta que alcanza los 15 o 20 cm. Se reemplaza por uno nuevo cada 15 días.

◀ Familias abiertas

Los zoé son polígamos, y tanto los hombres como las mujeres pueden tener más de un compañero. Es bastante común que una mujer con varias hijas se case con diferentes hombres, algunos de los cuales podrían casarse más tarde con ellas. Todos son iguales en la sociedad zoé.

◀ Achiote

De las semillas de esta planta la madre de Tashi extrae un pigmento con el que les gusta decorar su cuerpo.

▼ Pueblo cazador

Los hombres de la tribu de Tashi son cazadores muy hábiles. Suelen cazar en solitario, pero a veces, como en la época «del mono gordo» o la del «rey zopilote», se organizan cacerías colectivas. En el día a día, los monos, y en especial el mono araña, son sus presas favoritas.

▶ A salvo de la «civilización»

Tras su primer contacto con el hombre blanco, en 1987, los zoé experimentaron un fuerte retroceso a causa de la gripe y la malaria. Hoy en día la población de los zoé se ha estabilizado y se cree que son poco más de 250 personas. Es una de las tribus más amenazadas del planeta.

La vida en la selva
Infinitas especies bajo un manto verde

La biodiversidad de la región amazónica es única y una de las más ricas del mundo. Allí se concentran más del 60% de todas las formas de vida del planeta. Se calcula que solamente el 30% de todas ellas son conocidas por la ciencia. La selva amazónica también es importante porque contribuye a evitar el calentamiento climático, pues sus especies vegetales capturan enormes cantidades de CO_2, principal gas causante del cambio climático.

▲ **Anfibios**
Se han observado hasta 428 especies de anfibios, algunos tan venenosos como las ranas flecha, que se llaman así porque algunas tribus usan su veneno para sus flechas.

▲ **Aves**
Hay más de 1.500 especies de aves surcando los cielos de la Amazonia. Los loros y guacamayos son los más vulnerables, pues los cazan de forma descontrolada para servir como mascotas.

▼ **Peces**
En los ríos de la región amazónica viven unas 3.000 especies de peces, siendo la más conocida la temible piraña.

▼ **Reptiles**
Cocodrilos de más de 2 metros o anacondas que superan los 5 metros son algunos de los reptiles que habitan esta región.

▲ **Mamíferos**
La Amazonia alberga 472 especies de mamíferos. Entre ellas podemos encontrar pacíficos animales como tapires o nutrias y otros tan fieros como el jaguar.

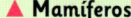

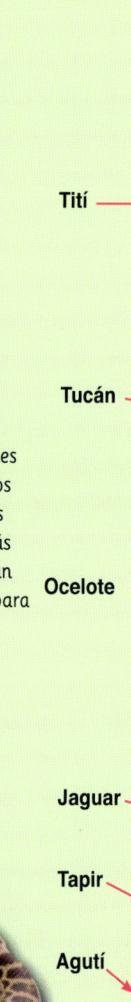

Harpía

Mono araña

Tití

Tucán

Ocelote

Jaguar

Tapir

Agutí

Armadillo

Paca común

Oso hormiguero

Pava amazónica

Perezoso

Mutón

Ibis rojo

Anaconda

o de cas

Coatí   Nutria

◄▲ **Una selva en capas**

La selva es un ecosistema que no solo se extiende en horizontal, sino también en vertical.

– Al **nivel del suelo** apenas llega la luz; es el reino de musgos, hongos, pequeños insectos descomponedores y anfibios.

– En los **estratos intermedios** y, a diferentes alturas, se asientan mamíferos, reptiles y las plantas epifitas que pueden vivir sin apenas tierra.

– En el **dosel** superior reinan las aves y algunos mamíferos, como los monos. Cuando un árbol cae, se abre una «ventana» en este mundo apenas sin luz, y ese hueco es aprovechado por los árboles más jovenes para crecer y llegar a la zona en que la luz es más abundante.

Shirley Temple
La perfecta niña prodigio

Bajo los focos y las cámaras, Shirley era como una chispa de luz en movimiento que encandilaba a todos los públicos, la imagen misma de la gracia y la simpatía. Su talento para la actuación y el baile maravillaba, especialmente en alguien de tan corta edad. Empezó a actuar a los tres años y, según sus compañeros de reparto, se comportaba como una auténtica profesional; siempre llevaba aprendidos su papel y sus pasos de baile. Al alcanzar la adolescencia prácticamente desapareció de la escena.

◀▼ La niña de la eterna sonrisa
La celebridad de esta pequeña actriz fue tal que llegó a ser una visita habitual en la Casa Blanca, en donde fue recibida por el presidente Roosevelt y su mujer, Eleanor. Años más tarde y ya dentro del Partido Republicano, ocupó numerosos cargos políticos en las administraciones de Nixon y Regan.

▶ Bailarina de claqué
Además de actriz, Shirley era una excelente bailarina (especialmente de claqué). Incluso en sus primeras películas ya bailaba, y a los cinco años era capaz de ejecutar complicadas coreografías de claqué.

◀ Óscar a la actriz más joven

En 1934, a la edad de seis años, se convirtió en la actriz más joven en ganar un Óscar, ya que obtuvo el Premio Juvenil de la Academia. En 2006 volvió a recibir un Oscar, esta vez como un galardón a toda una carrera.

▶ Numerosos éxitos

Su primer papel protagonista lo obtuvo en 1934 en *Bright Eyes*, película que la consagró. Luego siguieron éxitos como *La pequeña rebelde* y *Heidi*. Llegó a trabajar con actores de renombre como Carole Lombard, Gary Cooper o Cary Grant.

▶ Los inicios del *merchandising*

La figura de la niña actriz se reproducía en todo tipo de productos que estaban a la venta, desde muñecas con los trajes de sus películas a líneas de ropa, pasando por cromos y recortables.

◀ Embajadora

Temple dedicó buena parte de su vida a la política, como miembro del Partido Republicano. En 1969 fue nombrada delegada de las Naciones Unidas por el presidente Nixon. Más tarde, embajadora de su país en Ghana y posteriormente en Checoslovaquia.

Las niñas en el cine
Niñas que fueron famosas

Desde las primeras producciones del blanco y negro hasta nuestros días, en el cine han triunfado niñas que han dejado huella, a veces marcando a toda su generación. En tiempos pasados, sus actuaciones solían ir asociadas al canto y al baile, y, como si se tratara de la gallina de los huevos de oro, a menudo su talento y su gracia infantiles fueron sobreexplotados y su estrella se apagó al dejar atrás la infancia. Hoy las carreras de las jóvenes actrices evolucionan adaptándose a su propio crecimiento, aunque es igualmente difícil para ellas asimilar la fama.

Espantapájaros

Hombre de Hojalata

▲ Marisol
Pepa Flores fue descubierta por un productor en 1959. Desde sus primeras películas se hizo famosísima y en 1960, con solo 12 años, recibió el premio a la mejor actriz infantil en la Mostra de Venecia por su interpretación en *Un rayo de luz*, éxito al que siguieron *Ha llegado un ángel* (1961) y *Tómbola* (1962).

▶ Judy Garland en *El Mago de Oz*
Uno de los mejores musicales de la historia del cine tuvo como actriz protagonista Judy Garland. Aunque esta cinta está considerada Memoria del Mundo por la Unesco, no le llegó el éxito enseguida, sino que fue ganando popularidad con los años hasta convertirse en un clásico. El largometraje fue nominado a seis premios Óscar, de los cuales ganó dos, el de mejor canción original, por *Over the Rainbow*, y mejor banda sonora.

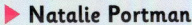

◀ Jodie Foster

Fue imagen, con solo dos años, de un anuncio de crema solar. A la edad de 13 años alcanzó su primer éxito cinematográfico con *Taxi Driver* (1976) de Martin Scorsese. Foster ha sabido asimilar su fama y, tras graduarse *cum laude* en la universidad, prosiguió con su carrera de actriz y comenzó una nueva de directora.

▶ Natalie Portman

Desde que debutó en la gran pantalla con 13 años, la vida de Natalie Portman ha cambiado mucho: ha ganado un Óscar, se ha licenciado en Psicología, ha formado una familia y se ha convertido en una sólida actriz..

Dorothy
(Judy Garland)   León

◀ Christina Ricci

Representó su primer papel protagonista en *Mermaids* (1990), junto a la también jovencísima Winona Ryder. A esta película le siguieron *La familia Adams* (1991) y *Casper* (1995), que protagonizó con 15 años. Desde entonces ha encarnado todo tipo de papeles tanto para el cine como la televisión.

▶ Scarlett Johansson

Con tan solo 13 años protagonizó junto a Robert Redford *El hombre que susurraba a los caballos*, éxito al que siguieron películas como *Ghost World*, que protagonizó a la edad de 17 años. Hoy es una reconocida actriz.

◀ Hermanas Olsen

Mary-Kate y Ashley Olsen llevan actuando casi desde su nacimiento. Obtuvieron su primer papel en la serie de televisión *Padres forzosos*, en la que interpretaban a Michelle Tanner con tan solo 9 meses. Hoy en día, ya adultas, se han convertido en exitosas empresarias de moda y productoras de televisión.

3

Niñas de Asia y Oceanía

Niñas cuyo primer juguete es un enorme águila o un pequeño canguro; niñas que se transforman en diosas; niñas que no hace tanto tiempo vivían encerradas de por vida en un harén, o que aún hoy en día son discriminadas con respecto a su compañeros varones por el mero hecho de ser mujeres. Eso y mucho más es la historia de las niñas de Asia y Oceanía.

Melek (Ángel)
Una niña en la corte otomana

Melek se ha criado en un lugar de cuento: el palacio Topkapi de Estambul, la residencia del sultán del Imperio otomano o turco. Sin embargo, su mundo se reduce al harén, donde solo hay mujeres vigiladas por los eunucos. Cualquier intruso sería decapitado de inmediato.

El harén tiene cientos de habitaciones decoradas con bellos azulejos, alfombras y pinturas, y tres patios. Pero Melek, como hija de una sirvienta esclava, solo puede acceder a la zona de la servidumbre, aunque a veces se escapa a otros aposentos. Recibe clases para conocer bien el Corán y ser una buena musulmana, y además aprende danza, canto y poesía. Sin embargo, a medida que crece se pregunta con frecuencia cómo será el mundo que hay fuera de aquellos altos muros.

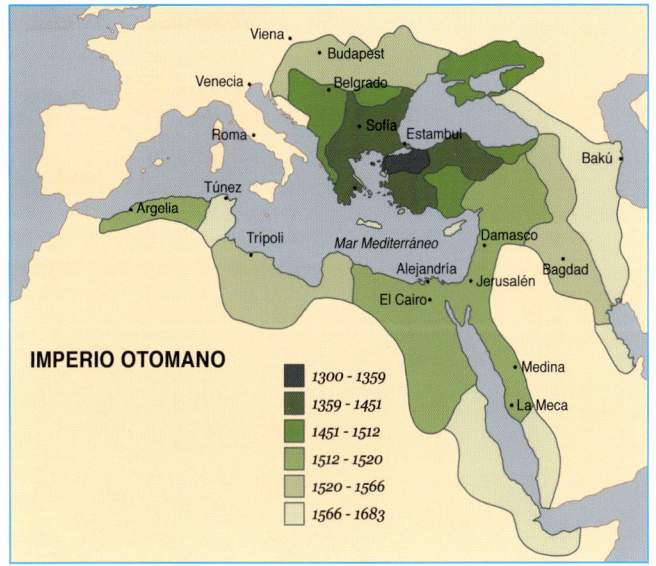

IMPERIO OTOMANO

| 1300 - 1359 |
| 1359 - 1451 |
| 1451 - 1512 |
| 1512 - 1520 |
| 1520 - 1566 |
| 1566 - 1683 |

▲ Imperio otomano

Turquía era un pequeño estado hasta que en el siglo XII empezó a controlar a expandirse. Durante los siglos XVI y XVII llegó a ocupar Oriente Medio, el Norte de África y en Europa llegó hasta las puertas de Viena. Pero cuando el último sultán, Mehmet, abandonó el poder en 1923, todo el harén, incluida Melek, tuvieron que abandonar su hogar.

◀ Con las conquistas de Solimán el Magnífico, que reinó entre 1520 y 1566, el imperio alcanzó su máxima grandeza, y Estambul, la antigua Constantinopla, floreció como capital de un gran imperio.

▲ Mihrimah Sultan

Esta joven del siglo XVI era la hija de Solimán el Magnífico. Su padre la tuvo en gran estima hasta su muerte. Lo acompañó en numerosos viajes por el Imperio y fue su consejera y confidente. Tuvo una gran influencia política y aportó sumas importantes a las artes y a la creación de bellas mezquitas.

◀▶ La mezquita Azul

Cuando Melek salió del harén pudo recorrer mejor la ciudad de Estambul. Lo que más la maravilló fue la mezquita Azul, mandada construir en el siglo XVII por el sultán Ahmed. Recibe su nombre del color de los azulejos que revisten el interior de la cúpula. Está rodeada por seis minaretes y combina elementos islámicos con los bizantinos.

SOLAMENTE EL SULTÁN PODÍA ENTRAR A CABALLO HASTA EL PATIO DE LA MEZQUITA.

La vida en el harén
Un mundo secreto

El harén era la zona del palacio destinada exclusivamente a las mujeres. El único hombre que podía acceder a él era el señor de la casa, así como los eunucos, que no eran considerados «hombres». El harén estaba decorado con gran lujo: suelos de mármol, azulejos, vidrieras y alfombras. Y se ambientaba con refinados perfumes de sándalo, jazmín, incienso...

En el Imperio otomano las mujeres podían ejercer una gran influencia política. Por ello el harén estaba rígidamente organizado:

✳ La **madre del sultán** era quien tenía mayor autoridad.

✳ La seguían las **favoritas del sultán**, entre las cuales la principal era la **madre del heredero** al trono, y, a continuación, las **hermanas** e **hijas** del monarca y las **concubinas**, mujeres a disposición del sultán y de sus oficiales de mayor rango.

✳ En el último escalafón estaban las **esclavas**, que, por lo general, procedían de los pueblos conquistados.

EN ESTE MUNDO TAN CERRADO, LAS CONSPIRACIONES PARA ALCANZAR EL PODER ERAN MUY FRECUENTES.

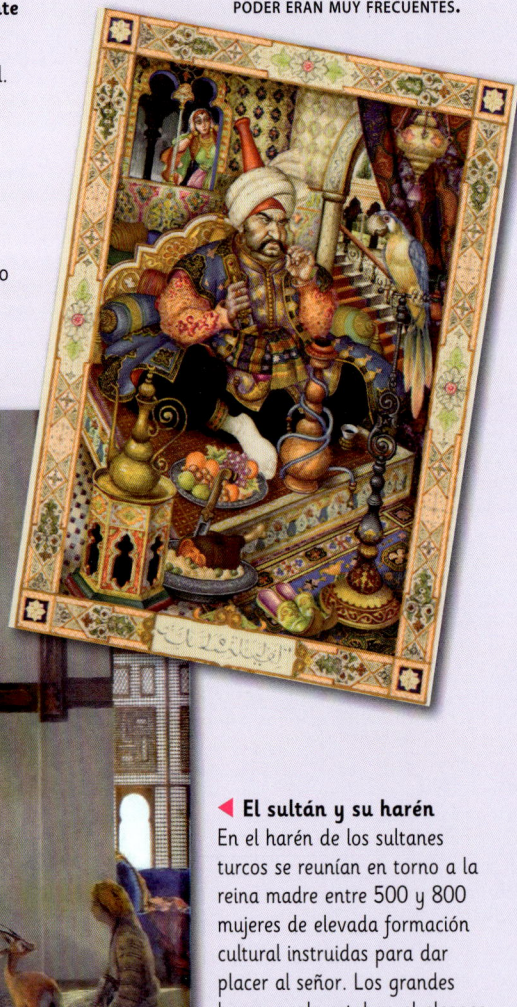

◀ **El sultán y su harén**
En el harén de los sultanes turcos se reunían en torno a la reina madre entre 500 y 800 mujeres de elevada formación cultural instruidas para dar placer al señor. Los grandes harenes solo estaban al alcance de los personajes principales de la corte, especialmente del sultán.

▲ Harén en Kabul

En el antiguo Imperio otomano existieron los últimos harenes, pero también los hubo en otros países musulmanes, como Afganistán, y en los países conquistados por musulmanes, como la India y Al-Ándalus.

▶ Los eunucos

Por lo general eran esclavos negros o prisioneros de guerra a los que se castraba cuando eran aún niños. Se encargaban de administrar el harén y custodiarlo. El jefe de los eunucos tenía mucho poder y prestigio, y algunos llegaron a ser consejeros bien considerados en numerosas casas reales de Oriente.

▲▶ Harén del palacio Topkapi

Fue uno de los últimos harenes existentes en Europa. Era un armonioso conjunto arquitectónico decorado con lujo. Contaba con más de trescientas habitaciones que se comunicaban por corredores, y patios, fuentes y pabellones embellecidos con la finalidad de llevar una vida placentera.

Ayame (Flor de iris)
Educada para ser geisha

Ayame es una *maiko,* una aprendiz de geisha. Con apenas 9 años sus padres la pusieron al servicio de una *geiko,* una geisha que actúa como su maestra y a la cual sirve. Una geisha es una mujer que ha estudiado canto, toca diversos instrumentos y conoce los bailes tradicionales de Japón. También sabe celebrar la ceremonia del té y es capaz de mantener animada una reunión dando conversación, recitando, inventando juegos...

Pero, para ser geisha, Ayame tendrá que ser primero *shikomi,* y estar al servicio de una casa de geishas donde realizará labores de sirvienta, como limpiar las habitaciones o hacer la compra y, sobre todo, ayudará a las geishas en todo.

▲ **Geishas y geikos**
Las *geiko,* geishas que actúan como maestras, son auxiliadas en su vida cotidiana por una joven ayudante como Ayame, que irá vestida de forma más discreta.

▼ **El barrio de las geishas**
Ayame vive en un *hanamachi* (literalmente «ciudad de las flores»), un barrio donde residen y trabajan las geishas. El de la foto está situado en Kioto.

◀ La ceremonia del té

Una de las cosas que mejor debe aprender Ayame es a celebrar la ceremonia del té, que es todo un ritual que completo dura aproximadamente cuatro horas. Incluye diferentes tipos de té (té ligero o *usucha* y té espeso o *koicha*) y una comida *(kaiseki)* a base de productos que combinan con los sabores del té.

Después de la ceremonia, Ayame tendrá que bailar, cantar o recitar poesías a sus invitados. Ayame se toma muy en serio el aprendizaje de este complejo ritual.

> **CADA ACTUACIÓN DE AYAME EN LA CEREMONIA DEL TÉ DURARÁ LO QUE TARDA EN QUEMARSE UNA BARRITA DE INCIENSO.**

▼ Años de estudio

Fue en la ciudad de Kioto, en el año 794, cuando las geishas empezaron a destacar como mujeres cultas y educadas, y como acompañantes de las clases altas en sus celebraciones. Para poder ejercer su profesión debían saber tocar al menos un instrumento, como el *shamisen* (izquierda), así como cantar y celebrar la ceremonia del té.

▶ Difícil equilibrio

Ayame tendrá que aprender también a caminar con *okobo*, unas sandalias de madera. Se caracterizan por tener una suela muy gruesa y alta, de unos 11 centímetros, y una forma similar a la quilla de un barco. Con ellas es difícil mantener el equilibro.

◀▶ Vestido tradicional

Cuando haya completado su formación, Ayame llevará kimono (derecha), la vestimenta tradicional japonesa que las geishas siguen usando tanto para trabajar como en su vida privada. Consta de varias piezas, y su color, la longitud de las mangas, la forma del *obi* (cinturón) y hasta la forma de las sandalias *(okobo)*, dependen de muchos factores. Se complementa con el *shironuri* (izquierda), que es el maquillaje de pasta blanca que distingue a las geishas.

Mujeres samuráis
Rápidas y mortales

La palabra «samurái», con la que se nombra al guerrero japonés al servicio de un emperador o un señor feudal, se ha asociado siempre a aguerridos combatientes, pero, aunque en un número mucho menor, también existieron en versión femenina.

Conocidas como *onna bugeisha,* estas luchadoras tuvieron su precursora en la emperatriz Jingu, quien, en el año 200 d.C., lideró las tropas que invadieron Corea después de que su marido, el emperador de Japón Chai, muriera en combate.

Otras mujeres luchadoras japonesas fueron las *kunoichi,* más cercanas a los guerreros *ninja,* y a las que se instruía en el arte de la lucha, los venenos y la seducción.

▲ **Mujer samurái**
Esta es una de las pocas fotos que existen de una mujer samurái con traje completo de combate. Fue realizada a finales del siglo XIX, cuando los samuráis casi habían desaparecido.

◀ **El budismo zen y los samuráis**
El budismo zen es una religión pacífica. Por este motivo resulta curioso la gran aceptación que tuvo entre los samuráis. Tal vez se deba a que la meditación ayuda a forjar una voluntad de hierro. Igualmente, el budismo alentaba en los guerreros el espíritu de lucha y los ayudaba a encarar la muerte con indiferencia.

S. IX
Hacia el año 860 aparecen guerreros con las características de un auténtico samurái: jinetes a caballo diestros en el uso de armas.

1274-1281
Los mongoles invaden Japón. Esta es la primera vez que los samuráis pueden medirse con enemigos extranjeros.

S. XIV
Kusunoki Masashige, al servicio del emperador Go-Daigo, establece un prototipo de samurái al servicio de la corte.

Palacio Imperial

▶ Armas: la *naginata*

Mientras que los hombres usaban la catana, las *onna bugeishas* o mujeres samuráis solían emplear la *naginata*, una especie de lanza con la hoja curva. Tenía varias ventajas: al ser un arma larga les permitía enfrentarse a distancia a los enemigos varones, que tenían más fuerza y mayor tamaño que ellas, y resultaba muy eficaz tanto al pelear cuerpo a cuerpo como contra jinetes a caballo. Numerosas mujeres samuráis legendarias la usaron, por lo que se ha convertido en uno de los símbolos de la mujer guerrera.

▶ Chiyome Mochizuki

Lady Chiyome vivió a mediados del siglo XVI. Takeda Shingen, señor de la región de Shinano, la reclutó cuando quedó viuda para que reuniera a mujeres que serían adiestradas como asesinas o espías. Nacieron así las temibles *kunoichi*, luchadoras más próximas a la forma de combate de los *ninja* que a la de los propios samuráis.

▲ Excelentes arqueras

Además de la *naginata*, las *onna bugeishas* empleaban armas a distancia, como el arco y las flechas. Con esta arma evitaban el cuerpo a cuerpo, que favorecía a sus adversarios masculinos.

La emperatriz Jingu desembarcando a la conquista de Corea

◀ Entrenamiento especial

Durante los primeros años, las *kunoichi* seguían un entrenamiento muy similar al de los hombres y practicaban junto a ellos. Luego, su formación se centró más en los disfraces, el conocimiento de los venenos y el uso de la seducción. Por lo general se disfrazaban de geishas, artistas, adivinas o empleadas domésticas, lo que les proporcionaba muchas oportunidades para obtener información o acercarse a una víctima.

1467
Comienza el turbulento periodo Sengoku. En él los samuráis alcanzan su mayor participación histórica.

1540
Chiyome Mochizuki se convierte en la primera mujer samurái conocida.

1603
Se inicia el sogunato Tokugawa, periodo en el que los samuráis pierden su poder. En 1690 se prohíben las artes marciales.

1866-1869
Periodo de restauración Meiji. Reaparición breve de los samuráis, que pierden definitivamente sus privilegios en 1877.

Mei (Hermosa)
Una niña en la corte del último emperador de China

Mei vive en uno de los recintos palaciegos más grandes del mundo, en la Ciudad Prohibida de Pekín. Tiene más de 9.000 habitaciones, le ha contado su madre, pero su vida transcurre en las estancias que le han concedido a su padre, que es un alto funcionario. Mei tiene prohibido el acceso más allá del recinto familiar si no va acompañada de un adulto, y la desobediencia se castiga severamente. Una vez, cuando era muy pequeña, recorrió las habitaciones imperiales de la mano de su madre y recuerda cómo la asustaron los enormes dragones que decoraban las paredes.

De vez en cuando acuden al palacio artistas que representan óperas y organizan funciones para los más jóvenes. Estos espectáculos avivan la imaginación de Mei durante muchos días.

◀ El último emperador

Puyi fue el último emperador que reinó en China. Subió al trono antes de cumplir los tres años y fue destronado por la revolución cuando aún tenía seis años, en 1912.

Años más tarde, entre 1934 y 1945, los japoneses lo volvieron a colocar como emperador de una región invadida por ellos, Manchukuo.

Finalmente, tras derrocar a los japoneses, el ejército soviético lo expulsó del poder.

Fue «reeducado» en su país y terminó sus días trabajando en la Biblioteca Nacional de Pekín.

▲ Sentado en su trono, Puyi en la película de Bernardo Bertolucci titulada *El último emperador.*

◀▶ Las cometas y el *kong zhu*

Mei juega a volar cometas con los hijos de otros funcionarios del palacio. También juegan con el *kong zhu*, o «yoyó chino», un juguete que fue inventado en este país hace unos 4.000 años, y tanto fue su éxito que se extendió rápidamente por todos los países del mundo bajo formas muy diversas.

EL EMPERADOR NO DEJABA PASAR A NADIE SIN SU PERMISO; POR ESO SE DENOMINA «CIUDAD PROHIBIDA».

▼ La Ciudad Prohibida

La Ciudad Prohibida, donde vive Mei, está en el centro de Pekín, la capital de China. Allí vive el emperador. Dos dinastías, la Ming y la Qing, vivieron en este palacio desde 1420 hasta que la revolución acabó con el régimen imperial en 1911. No es un solo palacio, sino un conjunto de edificios con suntuosos salones, patios, terrazas, templos y jardines, protegidos por un foso y rodeados de una muralla.

La Gran Revolución Cultural
Un acontecimiento que transformó China

Mao Zedong subió al poder en 1949, después de la Revolución Comunista, y fundó la República Popular China. Tras años de mala gestión organizó a los jóvenes para que llevaran a cabo una campaña contra todo lo que significara cultura, educación y costumbres tradicionales, que a partir de entonces fue considerado antirrevolucionario. Los intelectuales se convirtieron, pues, en enemigos de la revolución.

La llamada Revolución Cultural duró una década, desde 1966 hasta la muerte de Mao, en 1976. Detrás dejó un rastro de violencia y caos: se paralizó la economía y la educación, hubo miles de encarcelamientos, muertes y destierros, destrucción de innumerables obras culturales... El país sufrió un trauma que lo cambió radicalmente.

◀▶ Los guardias rojos
Los guardias rojos fueron millones de jóvenes que se movilizaron a partir de 1966, animados por Mao, para llevar a cabo la Revolución Cultural. Hombres y mujeres vestían un uniforme sencillo y cómodo, que simbolizaba la igualdad de todos, en el que destacaba el brazalete rojo.

QUIEN NO LLEVARA ESTE UNIFORME, DE INMEDIATO SE CONVERTÍA EN SOSPECHOSO DE SER ENEMIGO DEL RÉGIMEN COMUNISTA.

◀ El *Libro Rojo* de Mao
Este libro, escrito por Mao, era lectura obligatoria, tanto en los lugares de trabajo como en los colegios. Todos los miembros del Partido Comunista debían llevarlo consigo; de ahí su tamaño de bolsillo.

1949
Mao Zedong (líder del Partido Comunista) proclama la República Popular China desde la plaza de Tiananmén en Pekín.

1964
En abril se publica el famoso *Libro Rojo* de Mao, que recoge citas y discursos pronunciados por el presidente.

◀▲▶ Carteles y propaganda política

A la hora de difundir la propaganda política tuvieron mucha importancia los carteles, cuyos mensajes en forma de imágenes impactantes de colores vivos podían ser entendidos incluso por la población analfabeta. En ellos se reflejaba el culto al presidente Mao y el triunfo del pueblo en un tiempo radicalmente nuevo.

◀▲ Juicios populares y reeducación

Los guardias rojos perseguían y combatían todo lo anterior. Ser intelectual estaba mal visto, e incluso esta palabra era un insulto. Muchas personas fueron condenadas a muerte y otras enviadas a zonas rurales a trabajar en el campo para ser «reeducadas», por el simple hecho de ser abogados, médicos o maestros.

1966

En agosto se inicia la Revolución Cultural con la proclamación de los 16 puntos de la revolución proletaria inspirada por Mao. Se produce una gran purga de intelectuales.

1966-1967

Los guardias rojos arrasan bibliotecas, templos y museos «para acabar con las viejas ideas del pasado».

1969

El IX Congreso del Partido Comunista da por finalizada la Revolución Cultural, aunque continuó hasta la muerte de Mao.

Enkhtuya (Rayo de paz)
Vivir al ritmo de las estaciones

La familia de Enkhtuya todavía se dedica al pastoreo nómada. Es una forma de vida muy dura por lo extremo del clima de Mongolia: muy frío en invierno y muy caluroso en verano.

Cuando no tiene que ir a la escuela, a Enkhtuya le encanta galopar en su caballo, en el que aprendió a montar a los cuatro años a pelo, sin silla, y acompañar a su padre y sus hermanos en el acarreo del ganado. Echa carreras con ellos, que son mayores, y le están enseñando también a tirar con arco. Ambas cosas son deportes muy populares entre los mongoles.

Desde luego prefiere galopar antes que armar y desarmar la yurta, que es lo que suelen hacer las mujeres, además de ordeñar al ganado, cocinar, limpiar, elaborar el yogur, el queso y el *airag*, la bebida de leche de yegua fermentada.

▼ **La yurta, vivienda de los pueblos mongoles**
Así es la tienda que monta Enkhtuya con su familia. Como corresponde a un pueblo nómada, es desmontable. Se forma con vigas de madera cubiertas de fieltro. Por el hueco redondo del centro entra la luz y sale el humo del hogar. Es un refugio amplio y cómodo para toda la familia, que protege tanto del frío como del calor.

▼▲ **Ganaderos nómadas mongoles**
Cerca de la mitad de la población de Mongolia está compuesta por ganaderos nómadas; los del norte siguen a los rebaños de renos. Pero cada vez más personas abandonan esta vida tan dura y se trasladan a las ciudades.

◀ Excelentes jinetes

Desde la época del mítico emperador Gengis Kan, los mongoles han tenido fama de ser unos excelentes jinetes. Eran capaces hasta de ponerse en pie sobre su cabalgadura y disparar así sus arcos.

▲ Cetrería

Una forma tradicional de caza en Mongolia, desde tiempos remotos, es la cetrería con águilas.

▲ Para poder cazar con un águila, Enkhtuya ha tenido que esperar a tener 13 años, para que sus brazos puedan soportar el peso de un águila adulta. Su padre le enseña el arte de la caza con águila, pues esta ocupación no solo es cosa de hombres.

La vida en la estepa

Cuando el horizonte es el infinito

Mongolia es una inmensa estepa. Solo hay montañas en el norte y el este, y un desierto, el de Gobi, al sur. Es un terreno llano sin fin donde solo crece la hierba que sirve de pasto para el ganado, pero no puede cultivarse. Esto es debido a que el clima es extremo: durante los largos inviernos, muy fríos y secos, ríos y lagos se congelan. En los cortos veranos, que es cuando llueve, hace mucho calor, y el tiempo cambia bruscamente.

Las personas capaces de sobrevivir en unas condiciones tan duras han de ser fuertes y resistentes. Son pastores nómadas, tan buenos jinetes a caballo como sus antepasados, que se desplazan con sus vacas, ovejas o cabras.

Con frecuencia se producen sequías que causan la muerte de miles de cabezas de ganado; de ahí que muchos nómadas busquen otra forma de vida en la capital, Ulán Bator, donde habita más de la mitad de la población, o cerca de las minas.

Los que se alejan de la estepa, siempre añoran la sensación de libertad que se respira allí.

▲ Su nieto, Kublai Kan, recibió al gran viajero Marco Polo. Los actuales mongoles son descendientes de los míticos guerreros (temidos y admirados como jinetes) que, al mando de Gengis Kan, llegaron hasta las puertas de Europa.

▼ **Un pueblo guerrero**
Gengis Kan fue un guerrero y conquistador mongol que en el siglo XIII consiguió unificar bajo su liderazgo a las tribus nómadas del norte de Asia y extender sus territorios, formando un gran imperio. A su muerte, el Imperio mongol se fragmentó.

▲ Clima extremo

Las oscilaciones de temperatura en las estepas son extremas. En invierno se alcanzan los –40 °C, pero en verano se pueden sobrepasar los 40 °C. Solo animales muy resistentes, como los camellos bactrianos (arriba), los renos, o los duros caballos, ovejas y cabras mongoles soportan semejantes variaciones. Ellos y, por supuesto, sus dueños.

◀ Pastores nómadas

Los pastores nómadas del norte, la zona más montañosa y boscosa del país, siguen a los rebaños de renos. Cuando el pasto se acaba en una zona, capturan con el lazo mongol, llamado *urga,* a unos cuantos caballos o renos, los cargan con las pertenencias de toda la familia y se levanta el campamento, rumbo a nuevos pastos frescos.

◀ Deportes tradicionales

Los mongoles tienen gran afición a tres deportes tradicionales que se practican en todas las fiestas: la lucha, el tiro con arco y las carreras de caballos. En los dos últimos también participan las mujeres.

▶ Buzkazhi (atrapa la cabra)

La más curiosa de sus competiciones es una especie de «partido de polo» tradicional en el que dos equipos a caballo se disputan el cadáver de una cabra decapitada.

Aishwarya (Princesa)
La vida de una *kumari*, una niña diosa nepalí

Aishwarya vive en el valle de Katmandú, en Nepal. Allí, desde hace siglos, las personas de las dos religiones principales, hindúes y budistas, creen que la diosa Taleju se manifiesta en niñas perfectas y de alma pura como ella, y las adoran como a diosas vivientes.

Cuando tenía tres años, Aishwarya fue elegida *kumari* (que quiere decir «niña virgen») y ya hace cuatro años que vive encerrada, cuidada por su familia, recibiendo a los fieles que acuden a adorarla. No puede pisar el suelo ni apenas hablar, y tolera con mucha paciencia que cada día la vistan con ropas incómodas y la maquillen y adornen como a una figura de porcelana. Pero no conoce otra forma de vida.

Ahora que sabe que dejará de ser *kumari* cuando tenga su primera regla, desea caminar, estar con otros niños, ir a la escuela…, pero también teme cómo será esa nueva vida desconocida, tan distinta.

▲ **La diosa Taleju**
La diosa Taleju tiene tres ojos: el izquierdo significa el deseo, el derecho la acción y el central la sabiduría.

LA DIOSA TIENE MUCHOS BRAZOS PARA INDICAR QUE PROTEGE A LOS FIELES DESDE TODAS LAS DIRECCIONES.

LA *KUMARI* OCUPA SU TRONO RODEADA DE IMÁGENES DE DIOSES. VA ADORNADA DE PIES A CABEZA Y MAQUILLADA CON LOS COLORES DE LOS DÍAS ESPECIALES. EL COLOR ROJO REPRESENTA LA ENERGÍA CREATIVA.

◀ **Ceremonia de entronización**
Cuando entronizaron a Aishwarya todo le resultaba alegre y festivo; no se hacía idea de cómo iba a cambiar su vida.

SER UNA NIÑA DIOSA NO ES NINGUNA VENTAJA PARA AISHWARYA, PUES SOLO PUEDE SALIR A LA CALLE LOS DÍAS DE FESTIVIDAD RELIGIOSA. TAMPOCO PUEDE TOCAR EL SUELO, PARA NO CONTAMINARSE, POR LO QUE SU PADRE DEBE LLEVARLA EN BRAZOS. SOLO PUEDE HABLAR CON SUS FAMILIARES Y AMIGOS CERCANOS. POR SI TODO ESTO FUERA POCO, TIENE QUE IR MAQUILLADA Y LUCIR UN PESADO TOCADO Y MULTITUD DE COLLARES.

▼ Incierto futuro

Cuando deje de ser diosa, tras tener la primera regla, tendrá que aprender a ser una niña normal. Pero puede que tenga dificultades para casarse, pues los hombres temen el «poder» de quien ha sido diosa.

El techo del mundo
La conquista del Everest

Uno de los grandes capítulos en el afán de conquista del ser humano se escribió el 29 de mayo de 1953: el neozelandés Edmund Hillary y su acompañante, el *sherpa* Tenzing Norgay, consiguieron alcanzar la cima de la montaña más alta del planeta, el Everest.

Hillary participó más tarde en otras muchas expediciones a la Antártida y al Polo Norte, y viajó con frecuencia a Nepal, donde, al conocer las grandes carencias de esta región empobrecida, creó la Himalayan Trust, una fundación benéfica dedicada a mejorar la vida de sus habitantes.

Desde su hazaña en 1953, varios miles de personas han conseguido pisar la cima del Everest, pero Hillary y Tenzing tuvieron el honor de ser los primeros en subir y la suerte de poder contarlo, ya que casi trescientas personas han fallecido al intentar conquistar la cumbre, casi siempre arrolladas por avalanchas.

LOS *SHERPAS* SON LOS HABITANTES DE NEPAL. COMO CUANDO LLEGARON LOS MONTAÑEROS OCCIDENTALES SE DEDICARON A ACOMPAÑARLOS, GUIARLOS Y AYUDARLOS A LLEVAR EL EQUIPAJE, SU NOMBRE HA TERMINADO SIGNIFICANDO «GUÍA DEL HIMALAYA».

▼ **El Everest o Sagarmatha**
El Everest tiene una altura oficial de 8.848 m. Se le conoce en Nepal como Sagarmatha, que significa «la frente del cielo». Su nombre occidental se lo puso en 1865 la Royal Geographical Society en honor de un topógrafo británico.

▲ **Los pioneros**
Hillary y Tenzing fotografiados en el campamento base tras su hazaña. Tenían entonces 34 y 39 años, respectivamente, y se hicieron amigos para siempre. Hillary participó en otras expediciones y Tenzing creó una empresa de montañismo.

▲ Tradiciones familiares

En estas regiones de Nepal con frecuencia pasa de padres a hijos el duro oficio de *sherpa*, en el que tantos pierden la vida. Según cuenta el hijo del *sherpa* Tenzing, Jamling Tenzing Norgay, en su libro *Más cerca de mi padre: el viaje de un sherpa a la cima del Everest,* su padre le dijo: «Yo escalé el Everest para que tú no tuvieras que hacerlo». Pero Jamling no le hizo caso y también acabó convirtiéndose en un guía de montaña muy respetado.

▼ Pidiendo protección a los dioses

Un grupo de *sherpas* baila una danza tradicional tras la celebración de la ceremonia de la *puja.* Se realiza antes de iniciar la ascensión para rogar a los dioses protección. Un total de 293 personas (175 expedicionarios y 118 *sherpas*) murieron tratando de llegar al «techo del mundo» desde 1921 hasta mayo de 2018.

▼ Masificación

La masificación también ha llegado al Everest. Los propios montañeros denuncian a las agencias de viajes que organizan expediciones con el único objetivo de «hacerse la foto». Otro grave problema son los residuos que dejan detrás. Actualmente las autoridades nepalíes obligan a las expediciones a retirarlos antes de partir.

Bahar (Primavera)
Ser niña en el país de los ayatolás

A Bahar le gustaría ser maestra, como su madre. A veces la acompaña a la escuela donde trabaja y se pone a dibujar con sus alumnas. Solo hay niñas en ese colegio, pues en Irán no existen las aulas mixtas.

Bahar lleva cubierta la cabeza, pero a ella y a sus amigas les gusta arreglarse, siempre con cuidado de no llamar la atención, porque el maquillaje no está bien visto. Al vivir en la ciudad, Bahar no tiene que llevar chador, como su abuela, que vive en un pueblo. Confía en que en el futuro habrá más libertades para las mujeres en su país; su tía, que no quiso vivir sometida a las estrictas normas de Irán, emigró a Europa.

▶ **Historia convulsa**

En 1979 la Revolución islámica derrocó al sah. El país, bajo la dirección del allatolá Jomeini entró en una etapa turbulenta, marcada por la dictadura religiosa y las guerras. Hoy las leyes se han relajado y Bahar mira al futuro con optimismo.

▼ **Separación de sexos**

La segregación (separación de hombres y mujeres) no solo se ve en los colegios. Se da también en el transporte público: en los autobuses las mujeres tienen que ir detrás y en el metro ocupan su propio vagón.

TOCADOS TRADICIONALES DE LAS MUJERES MUSULMANAS

Hiyab
ES UN VELO QUE DEJA LA CARA AL DESCUBIERTO. MUCHAS MUSULMANAS LO LLEVAN COMO SÍMBOLO DE IDENTIDAD.

Burka
OCULTA COMPLETAMENTE EL CUERPO. LA MUJER SOLO PUEDE VER A TRAVÉS DE UNA REJILLA. NORMALMENTE SE ACOMPAÑA DE GUANTES QUE CUBREN LAS MANOS.

Nicab
LLEGA HASTA LAS RODILLAS Y SOLO DEJA AL DESCUBIERTO UNA ESTRECHA FRANJA A LA ALTURA DE LOS OJOS. IGUAL QUE EL BURKA, HA SIDO PROHIBIDO EN ALGUNOS PAÍSES EUROPEOS.

Shayla
ES UN LARGO PAÑUELO RECTANGULAR USADO EN EL GOLFO PÉRSICO. CUBRE EL PELO Y LOS HOMBROS, PERO DEJA AL DESCUBIERTO TODA LA CARA.

Chador
USADO POR LAS MUJERES IRANÍES CUANDO SALEN DE CASA, ES UNA AMPLIA SAYA, POR LO GENERAL NEGRA, QUE CUBRE EL CUERPO Y QUE SUELE COMBINARSE CON UN PAÑUELO PARA LA CABEZA.

◀ Normativa estricta
Bahar se queja de que hay demasiadas prohibiciones para una chica como ella: no puede ir con la cabeza descubierta ni viajar con sus amigos varones en transporte público; solo puede usar bañador en playas especiales; las redes sociales están controladas... Aunque la mayoría de los jóvenes como ella intentan saltárselas, no siempre pueden.

◀▶ El campo y la ciudad
En Irán existe una clara distinción entre las costumbres del campo y las de la ciudad. En las ciudades las prohibiciones y la antioccidentalización de los primeros años del régimen de los ayatolás se han relajado mucho. Por eso ya es normal que Bahar camine con sus amigos por la calle o que compartan un refresco en una cafetería, algo impensable hace unos años.

Vairani (Agua del cielo)
Una niña polinesia en la época de Gauguin

Desde que los misioneros llegaron a la isla, las jóvenes tienen que vestir una especie de camisones anchos que las cubren por entero y que dan mucho calor. Vairani es pequeña todavía y se libra; puede correr, subirse a los árboles y bañarse casi desnuda. También han prohibido las danzas antiguas, pero su hermana mayor le está enseñando en secreto. Se esconden en el bosque, se ponen sus faldas *more* de hojas de palmera, coronas y collares de flores y se mecen cantando bajito.

A la isla ha llegado un francés pálido que siempre está dibujando y pintando. A Vairani le gusta observarle muy quieta mientras pinta, ver cómo hace brotar los colores como un mago.

▶ **Vida idílica**
Según los relatos de los grandes navegantes como el capitán Cook o Fletcher Christian, las islas de la Polinesia eran un verdadero paraíso en la tierra... hasta que la codicia de mercaderes sin escrúpulos, las enfermedades, y las religiones y costumbres impuestas a la fuerza a los nativos acabaron con aquella cultura.

◀▶ **Gauguin en Tahití**
El pintor que ha conocido Vairani es Paul Gauguin. El pintor fue a Tahití por primera vez en 1891, en busca de un paraíso. Muchas de sus pinturas más hermosas son de ese periodo. Se cree que su primer retrato de una modelo tahitiana fue *Mujer con flor*. El cuadro de la derecha, *¿Cuándo te casas?*, lo pintó en 1892. Cuando regresó a Francia en 1893, en su retina habían quedado los colores de los mares del Sur y las escenas polinesias, que siguió pintando. La nostalgia le hizo regresar a Tahití en 1895, y ya no regresó a Europa nunca más.

▶ Sociedad matriarcal

En Polinesia las mujeres podían ejercer el poder, y muchas llegaron a ser reinas. La más célebre fue Pomare IV, reina de Tahití entre 1827 y 1877. Fue conocida como «la comedora de ojos» por la costumbre polinesia de comerse uno de los ojos de sus enemigos.

◀ Aparima

Vairani es feliz bailando la *aparima* con su hermana. Es una danza típica de la Polinesia, muy expresiva y de ritmos suaves. La palabra «aparima» proviene de *'apa* (beso) y *rima* (manos). Con esta danza se cuenta una historia a través de gestos y movimientos lentos de las manos.

▲ Tahití

Tahití es una isla de la Polinesia francesa, al sur del océano Pacífico. Estuvo bajo el poder de la dinastía Pomare hasta 1880, cuando el rey Pomare V la cedió a Francia junto con el resto de sus posesiones. Hoy forma parte de la República Francesa pero tiene autogobierno. Es una isla montañosa de belleza idílica, rodeada de arrecifes de coral.

Antara (Dulce melodía)

La vida de una niña aborigen australiana

Desde que sus padres murieron a causa de una enfermedad de los blancos (viruela, la llaman), Antara vive con su abuela; fue ella quien se la llevó a su poblado para salvarla. Y se ha propuesto enseñarle muchas cosas, porque dice que los blancos se están apoderando de la tierra y no quiere que la antigua sabiduría se olvide. Le ha enseñado a escuchar los troncos de los árboles para encontrar panales de miel, a encender fuego frotando un palito, a cocinar una tortuga, a encontrar agua y hasta a bailar la danza del fuego, que solo bailan las mujeres. Lo que más le gusta a Antara es imitar sus pinturas sagradas. Con rayas y puntos dibuja sobre piedras, rocas, troncos... creando figuras de animales. Y, mientras lo hace, es feliz.

▶ El capitán Cook

Las tierras australianas ya eran conocidas en el siglo XVII, e incluso antes, por pescadores y exploradores europeos. Sin embargo fue el capitán Cook, el gran explorador, geógrafo y navegante inglés, quien las reclamó para el Reino Unido en 1770.

◀ Aborígenes

Antara pertenece al pueblo que ha habitado Australia desde hace unos cincuenta mil años, es una aborigen. A la llegada de los europeos había unos 700.000 aborígenes, pero la presión de los recién llegados y las enfermedades que estos llevaron sin saberlo, hicieron estragos. En la actualidad solo un 3 % de la población es aborigen.

Bumeranes

▶ Pinturas rupestres

En el norte de Australia, en el Parque Nacional Kakadu, se han encontrado dibujos como los de Antara. Es un valioso yacimiento de pinturas rupestres. Las familias aborígenes acampaban en los refugios de piedra donde se pueden ver las pinturas de los peces y los animales que cazaban. Las pinturas más antiguas tienen unos 23.000 años.

▼ Colonias penales

Inglaterra decidió que a los presos había que enviarlos lejos... Tan lejos que decidieron que Australia sería una excelente cárcel. Entre 1788 y 1868, 164.000 condenados fueron transportados a Australia.
Para ser deportado bastaba con haber cometido un pequeño robo, no pagar una deuda o ser acusada de prostitución.

TRAS CUMPLIR SU PENA, A MUCHOS ANTIGUOS PRESOS SE LES PERMITÍA VIAJAR HASTA NUEVA ZELANDA PARA COMENZAR UNA NUEVA VIDA, PERO NO SE LES PERMITÍA REGRESAR A INGLATERRA.

◀▶ Stolen Generations

Entre los años 1869 y 1976, el gobierno australiano y algunas misiones cristianas quitaron a sus hijos a cientos de familias aborígenes con la excusa de que en sus familias de origen no recibirían unos cuidados adecuados ni una educación cristiana. Por eso se las conoce como las Generaciones Robadas (Stolen Generations), ya que perdieron el contacto con sus padres hasta que, de mayores, descubrieron la verdad sobre su origen.

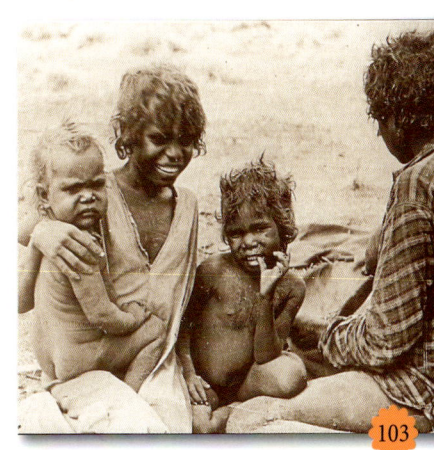

Australia, el continente isla
Unas tierras aún en parte salvajes

En Australia viven unos veintiún millones de personas, la mayoría han llegado allí en los últimos dos siglos. Son sobre todo ingleses, chinos, indios y filipinos.

La gran mayoría de la población se concentra en las grandes ciudades que han prosperado en las zonas costeras: Sídney, Melbourne, Adelaida... o en la propia capital, Canberra, algo más al interior. Ello se debe a que la mayor parte de la zona central del país es desértica o árida, con muy poco suelo fértil, por lo que la vida allí es difícil. En contraste, el clima es tropical en el norte y templado en el sur y el sureste.

▼ **El río Murray**

El río más largo de Australia (2.375 kilómetros) nace en los Alpes Australianos y desemboca en el océano Índico, cerca de la gran ciudad de Adelaida. Tiene dos grandes afluentes: el Murrumbidgee y el Darling.
Su caudal ha disminuido a causa de la escasez de lluvias y a que sus aguas se han explotado más de la cuenta en la agricultura. Además, se emplea para abastecer a las ciudades que se han desarrollado en sus orillas.

ESTAS TIERRAS, QUE NO SE DEJAN DOMESTICAR POR LOS HUMANOS, SIGUEN SIENDO PRÁCTICAMENTE TAN SALVAJES COMO HACE SIGLOS.

Cacatúa crestiamarilla
(*Cacatua galerita*)

◄ Bosques de eucaliptos

Los europeos que llegaron a tierras australianas quedaron asombrados ante unos árboles gigantescos (pueden medir más de cien metros de altura) que nunca antes habían visto: los eucaliptos. Estos árboles aromáticos y de rápido crecimiento dan alimento y abrigo a muchos animales de las zonas costeras, como los koalas (que se alimentan solo de sus hojas), marsupiales como el pósum y multitud de insectos. Para las abejas, sus flores son la principal fuente de néctar.

► Desiertos

La región central de Australia es un inmenso desierto llano y, casi en su centro, se eleva el monte Uluru, que fue bautizado por los colonos como Ayers Rock. Solo mide 328 m, pero sus impresionantes laderas de arenisca rojiza refulgen en mitad de la inmensa llanura. Los aborígenes de la región lo consideran un monte sagrado.

◄► Una fauna muy especial

Australia es conocida por su curiosa fauna, en especial por los marsupiales (animales que guardan a sus crías en una bolsa, como el koala o el canguro) y por especies tan curiosas como el ornitorrinco y el equidna, ¡mamíferos que ponen huevos! En este continente también se encuentran los cocodrilos más grandes del mundo.

4

Niñas de África

África es un continente que no ha tenido el éxito que se merece. A pesar de contar con enormes recursos naturales, muchos de sus habitantes aún padecen hambre y miseria. Y las niñas sufren una doble discriminación: por ser africanas y por ser mujeres. La mayoría se ven obligadas a trabajar desde muy temprana edad, cuidando del ganado, de la huerta o de los hermanos menores. ¡Eso cuando no son arrastradas como soldados involuntarios a guerras que no entienden!

Ekit (Vivaz)
En el Egipto de los faraones

Ekit camina cogida de la mano de su madre. Van en procesión hasta el Nilo. Encabezan la marcha dos estatuas de Osiris, el dios de la muerte, de la resurrección y de la agricultura, además de fundador de Egipto. Allí las estatuas embarcarán para dirigirse a su templo en Canopo. Según su religión, Osiris fue asesinado y despedazado. Su mujer y hermana, Isis, recogió todos los pedazos y los unió; le insufló una nueva vida y Osiris resucitó.

Salvo en días de fiesta como hoy, la vida de Ekit es tranquila. Para los egipcios, la familia es lo más importante. Su madre es comadrona y trabaja fuera parte del día, pero también organiza la casa. Ha decidido que Ekit estudie junto con sus hermanos; aunque eso no significa que no deba ayudar con las tareas de la casa...

◀ No tan anticuados

Ekit viste sencillos vestidos de lino blanco, aunque en verano, por el calor, lleva muy poca ropa, lo cual no está mal visto. Además, cuando se case a los 14 años, no perderá ni su apellido ni los bienes que le den sus padres, y, en caso de disputas, podrá divorciarse.

▼ Pinturas murales

Los egipcios decoraban sus tumbas con pinturas, y en ellas depositaban ricos ajuares y ofrendas. Estos murales nos muestran que eran grandes amantes de la música y de la danza.

▲ «El don del Nilo»

Ekit disfruta navegando con su familia por el Nilo, un gran río que fertiliza la tierra a su paso y que hizo que el historiador griego Herodoto llamase a Egipto «el don del Nilo», pues sin él el país no habría sido más que un inmenso desierto carente de vida, como son las tierras del interior.

◄ ¿Qué come Ekit?

Ekit es una niña de ciudad, y compra las cebollas, los ajos, las habas, los cereales o las lentejas que cocinan en casa sin preguntarse de dónde salen. Pero los egipcios ya conocen el arado, y, gracias a las subidas y bajadas del cauce del Nilo, disponen de tierras fértiles donde cultivar los alimentos que necesitan.

La cerveza es muy apreciada. Las vacas, ovejas y cabras les proporcionan leche, queso y carne, y el Nilo varios tipos de pescado. ¡Lo que más le gusta a Ekit son los nutritivos dátiles!

► Una de las 7 maravillas

Ekit vive en Abidos, que está río arriba del Nilo. Desgraciadamente no ha tenido la oportunidad de conocer las pirámides de Guiza y la Gran Esfinge. La pirámide de Keops o Gran Pirámide es la más antigua de las siete maravillas del mundo y la única que aún perdura. Su arquitecto se llamaba Hemiunu y se calcula que para su construcción trabajaron unos 300.000 obreros durante 30 años.

Los obreros de las pirámides recibían un salario, normalmente en forma de pan o una cerveza muy espesa con la que se alimentaban.

▼ No son esclavos

La familia de Ekit tiene esclavos, como ocurre en la mayoría de las casas de Egipto, donde las mujeres esclavas trabajan en las tareas del hogar o haciendo recados. Sin embargo, a Ekit le han dicho que las pirámides no las construyen los esclavos, sino personas libres en los meses en que pueden dejar sus labores del campo. Trabajan para el faraón en la construcción de su última morada.

La corte de los faraones
Un fastuoso reino a orillas del Nilo

La civilización que nació a orillas del Nilo tres mil años antes de Cristo sigue fascinando hoy. Los hallazgos de tumbas y monumentos constituyen acontecimientos de primera página en los periódicos. Y no es para menos. Los egipcios alcanzaron una civilización refinada y consiguieron tener una organización administrativa cuando el resto de la humanidad vivía aún en chozas. Crearon leyes que tenían que cumplir en todo el país, tenían dos sistemas de escritura y papiro como material ligero donde plasmarlos. Dieron un gran impulso a la agricultura con el arado, inventaron el vidrio, la balanza, el calendario solar de 365 días dividido en 12 periodos, la arquitectura con piedras, las columnas...

▲▼ Tutankamón

Tutankamón no fue uno de los faraones más destacados, pero ha pasado a la posteridad por su magnífica tumba, que se encontró intacta, sin haber sido expoliada por los ladrones de tumbas. En su interior, Howard Carter, su descubridor, halló un fabuloso tesoro con infinidad de objetos y hasta carros de guerra. Su sarcófago tenía la impresionante máscara que hoy se conserva en el museo de El Cairo.

EL BUSTO DE NEFERTITI REALIZADO POR EL ESCULTOR REAL TUTMOSE SE HALLÓ EN 1912.

◀ Nefertiti

Nefertiti fue la segunda esposa real de Akenatón. Este faraón del Imperio Nuevo rompió con el politeísmo anterior y designó a Atón como único dios del reino. Trasladó la capital a Amarma y realizó grandes cambios en el país. Se cree que no lo hubiera hecho sin el apoyo de Nefertiti.

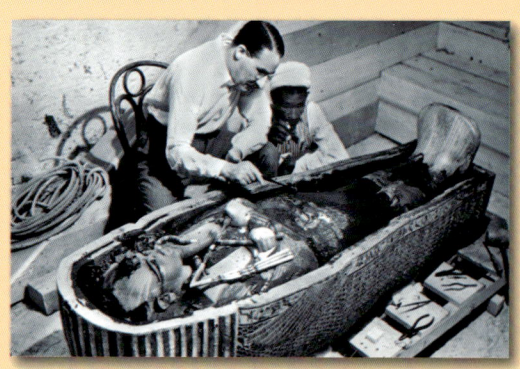

2686 a.C.
Comienza el Imperio Antiguo. La capital es Menfis y empiezan a construirse las pirámides.

1550 a.C.
Comienza el Imperio Nuevo, época de expansión y de grandes construcciones. Ramsés II es el faraón más grande.

332 a.C.
Periodo helenístico. Finaliza con la derrota de Cleopatra y Marco Antonio contra Agripa en la batalla de Accio.

▲ El largo proceso de momificación

Los egipcios creían que tenían que llegar a la otra vida con su cuerpo en perfecto estado, y la momificación era la mejor manera de conservar el cuerpo. Era un trabajo muy especializado que requería de diversas fases:

* lavar y perfumar al difunto;
* extraer sus vísceras;
* rellenar el cadáver con hierbas aromáticas y un tipo de resinas especiales;
* envolver todo con largas tiras de lino;
* meterlo en el sarcófago.

▲ Vasos canopos

Las vísceras del cuerpo consideradas importantes se extraían y se conservaban en los vasos canopos, unas pequeñas urnas de cerámica. Eran 4:

QEBEHSENUEF, EL HALCÓN, guardaba los intestinos
HAPY, EL BABUINO, guardaba los pulmones
DUAMUTEF, EL CHACAL, guardaba el estómago
IMSETY, CON CABEZA HUMANA, guardaba el hígado.

◄ Pesar el alma

Para saber si el difunto era merecedor de la vida eterna debía enfrentarse al juicio de Osiris. Consistía en pesar su corazón en una balanza: en un platillo se ponía su corazón, y en el otro Maat, una pluma que representaba la verdad y la justicia. Debían pesar lo mismo. Si no era así, Ammyt, el devorador de los muertos, acababa con él.

1822
Gracias al descubrimiento de la piedra de Rosetta, el francés Champollion consigue descifrar los jeroglíficos.

1922
El 4 de noviembre, el arqueólogo británico Howard Carter descubre la tumba del faraón Tutankamón.

1959-1970
Grandes monumentos se trasladan de lugar antes de ser inundados por la gran presa de Asuán.

Thiyya (Bonita)
Una niña tuareg entre las dunas de arena

«¿Cómo será eso de vivir todo el año en la misma casa?». Esta pregunta le ha venido a la cabeza a Thiyya cuando se ha levantado en su tienda por la mañana, antes de ayudar a sus padres, hermanos, tíos y primos a recoger todas sus cosas, cargar a los dromedarios y montar en ellos para proseguir el camino.

La estación de las lluvias terminó y la familia de Thiyya recorre junto con sus grandes rebaños las tierras que han pertenecido desde siempre a los tuaregs en busca de pastos para que su ganado pueda sobrevivir hasta la próxima estación húmeda. Entonces Thiyya podrá dormir en su casa e ir al colegio.

◀ Dromedarios

Thiyya viaja montada en un dromedario. Para un tuareg sus dromedarios son su bien más preciado, tanto por ser su medio de transporte o de carga como porque les proporcionan su leche.

◀ Los «hombres azules»

En la familia de Thyya, los hombres se cubren la cara con un turbante. Esto les protege de la arena, pero también les permite ocultar sus emociones. Sus manos y su cara suelen estar manchadas por el tinte azul del turbante.

Las mujeres, en cambio, van con la cara al descubierto.

▶ La Cruz del Sur

Thiyya lleva una cruz tuareg que, en realidad, no representa una cruz, sino una especie de brújula que marca los puntos cardinales. Es tan importante que su madre se la dio diciéndole: «Aquí te entrego los cuatro puntos cardinales para que te guíen en la vida, porque nunca sabemos dónde vamos a morir».

▼ Una vida dura y nómada

Los animales son la base de la vida tuareg. De ellos se obtiene leche, carne y pieles, pero cada vez hay menos pastos y los hermanos de Thiyya están pensando en emigrar a la ciudad.

▲ Un pueblo sin nación

Los tuaregs o imuhars son un pueblo bereber de tradición nómada que puebla el desierto del Sáhara. Su población se extiende por cinco países africanos: Argelia, Libia, Níger, Malí y Burkina Faso. Tienen su propia escritura, el tifinagh, y su propio idioma, el tamasheq. Pero, ante la competencia de los camiones, cada día es más difícil ver caravanas transportando sal y otros productos.

EL SUELO DEL DESIERTO TIENE OTRAS RIQUEZAS, COMO EL URANIO, PERO LOS TUAREGS NO RECIBEN LOS BENEFICIOS QUE APORTA, POR LO QUE ALGUNOS SE HAN REBELADO CONTRA ESTA INJUSTICIA.

Krotoa (Vida)

Una niña bosquimana del siglo XXI

No es tan mala cosa ser una niña san, o bosquimana. Krotoa es tan alegre como sus hermanos y amigos. No tiene que salir a cazar al antílope como hacen sus padres, ni recoger frutos de la tierra ni pastorear. Su única obligación es jugar, y conocer los cantos y bailes sagrados. A pesar de todo, el desierto de Kalahari no es el lugar más acogedor del mundo. Por eso, Krotoa vive parte del año, durante la primavera, recorriendo con su familia las tierras naturales que pertenecen a su pueblo, recolectando y cazando. Entonces duermen en cobertizos provisionales donde se cobijan. Hasta el verano, en que regresan a sus poblados permanentes.

▼ **Expertos en supervivencia**

Los bosquimanos viven en el suroeste de África, principalmente entre Botsuana y Namibia. En realidad ellos mismos se llaman san; bosquimanos es como los llamaron los colonos europeos. Sobreviven en un ambiente muy hostil. Son cazadores recolectores y se alimentan de antílopes, a los que siguen durante días, o de los frutos y raíces silvestres que recogen.

▶ Han aprendido técnicas como la de extraer con una caña hueca agua enterrada y guardarla en huevos de avestruz.

▲ Núcleos familiares

La vida de Krotoa transcurre feliz rodeada de toda su familia. Juntos trabajan y juntos cambian de residencia cuando el alimento escasea.

◀▶ Potente veneno

Para cazar las presas mayores como el órix, el padre de Krotoa embadurna sus flechas con un veneno que extrae de las larvas machacadas de un insecto. Con la flecha envenenada hiere a la presa y la persigue durante los días que tarda en morir.

◀ Un pueblo alegre

Como todos los bosquimanos, Krotoa es una niña alegre. Canta y baila con el resto de su pueblo, pues cualquier ocasión es buena para ello, ya sea el regreso de los cazadores con una buena presa, un nuevo nacimiento en el grupo... o, simplemente, porque sí.

Zawadi (Regalo)
La vida en una tribu masái

Cuando el sol se pone, Zawadi deja sus tareas y se acerca al círculo que se va formando alrededor de la hoguera. Atrás queda un día caluroso vigilando el ganado. Ahora, alrededor del fuego que encienden los hombres, se olvidan los sinsabores del día y Zawadi se queda embelesada cantando y viendo dar enormes saltos a su padre, entrando y saliendo del círculo de la hoguera. Quiere demostrar su fuerza dando los saltos más grandes. Junto a ella, su madre levanta los hombros y así mueve sus grandes collares marcando el ritmo. Zawadi nunca está sola. Su padre tiene otras cuatro mujeres, y junto con los hijos de cada una conforman una gran familia. Pero ella tiene un preferido: Gitonga, su hermano más pequeño. Siempre carga con él a la espalda, lo cuida con cariño y quiere enseñarle todo lo que sabe.

▶ **Obligaciones repartidas**

Mientras las mujeres ordeñan el ganado que queda en el poblado, cocinan y limpian, el padre de Zawadi sale con sus hermanos mayores para cazar o pastorear más lejos. Es una tarea peligrosa, pues en cualquier momento puede aparecer un león para llevarse a una de sus vacas.

▼ **Un pueblo orgulloso y guerrero**

Los masáis han poblado desde tiempos inmemoriales las llanuras del Serengueti. Antes eran guerreros además de pastores. Los masáis piensan que todo el ganado de la tierra es suyo, y por eso no tienen escrúpulos en robarlo si lo creen necesario.

◄ Todos colaboran

Zawadi y todas sus hermanas ayudan desde muy pequeñas a su madre en todo, desde a apacentar y ordeñar el ganado de cabras, hasta a hacerse cargo de sus hermanos más pequeños. La familia vive en un poblado o *boma*, formado por un conjunto de chozas o *manyatas* hechas con adobe y estiércol.

EL POBLADO ESTÁ RODEADO POR UNA CERCA DE ACACIA ESPINOSA PARA EVITAR EL ATAQUE DE LOS ANIMALES SALVAJES.

PARA LOS MASÁIS ES HABITUAL LA POLIGAMIA (SE CASAN CON VARIAS MUJERES), DE MODO QUE EL PADRE DE ZAWADI TIENE CINCO ESPOSAS, LO QUE ES TAMBIÉN UN SÍMBOLO DE PODER. Y, COMO ES HABITUAL, LOS PADRES DE ZAWADI YA HAN CONCERTADO SU MATRIMONIO... A PESAR DE ESTO, PUEDE RELACIONARSE CON JÓVENES GUERREROS ANTES DE CASARSE.

► Zawadi se hace ella misma las pulseras que lleva. Ahora está deseando hacerse unos agujeros en las orejas para lucir también pendientes y abalorios.

◄ Luchar por sus tierras y modo de vida

Varias de las tierras tradicionales de los masáis se han convertido en parques nacionales, como el Amboseli (en la imagen) o el Masái Mara, y los masáis han sido relegados a otros lugares, pues en estos parques está prohibida la caza y el pastoreo del ganado. Además, cada vez llegan más turistas, lo que es una fuente de ingresos para escuelas, hospitales o comprar más ganado, pero les aparta de su modo de vida tradicional.

117

Las sociedades secretas de mujeres
Un África oculta

Las sociedades secretas han existido y aún perviven en África. Su historia es larga, pero en general es muy difícil saber sobre ellas porque casi todas imponen fuertes castigos a quienes revelan sus secretos. La mayoría de estas sociedades pertenecen a tribus de África Occidental: Sierra Leona, Liberia, Guinea, Costa de Marfil o Nigeria, y son masculinas, salvo unas pocas, como la sociedad Sande, en la que las mujeres son las protagonistas.

Para poder formar parte de ellas hay que pasar un **rito de iniciación**, que marca también el paso de la niñez a la edad adulta. En estos rituales se enseña a los jóvenes las normas por las que deben regirse en las distintas facetas de la vida: la familia, el matrimonio, la sociedad, lo que está permitido y lo prohibido.

▼ **La sociedad secreta Sande**
Esta sociedad secreta de mujeres existe en Sierra Leona, Liberia y Costa de Marfil desde muy antiguo. En ella se inicia a las jóvenes para el paso a la edad adulta: las tareas del campo, la vida familiar y sexual, el comportamiento dentro del grupo, etc. La sociedad Sande se caracteriza por ser sus miembros exclusivamente mujeres y llevar como señal distintiva una máscara.

▶ La sociedad Sande tiene tres grados jerárquicos y solo las que han alcanzado el tercer grado están autorizadas a llevar la máscara.

CUANDO UN GRUPO DE NIÑAS ESTÁ PREPARADA PARA EL RITUAL, SE REÚNEN Y SON ACOMPAÑADAS POR LAS MUJERES QUE SERÁN SUS «MAESTRAS».

▶ **La _Gelede_ de las mujeres yoruba**
Gelede es una ceremonia en la que se venera a las «Iyamis» o Madres ancestrales. Las mujeres dirigen y ejecutan gran parte de los rituales, aunque los hombres también intervienen en los actos.

◀ **Transmisión de la tradición**
La función de la _Gelede_ es procurar unir al grupo y buscar la protección de las Iyamis. En los rituales se usan máscaras y trajes de gran colorido. Este culto está ya prácticamente extinguido.

◀▼ **La sociedad Bwami**
Entre los lega de la República Democrática del Congo la vida social y política está regulada por la sociedad Bwami, a la que pueden pertenecer hombres y mujeres.

HAY VARIOS NIVELES EN LA SOCIEDAD BWAMI: SIETE PARA HOMBRES Y CUATRO PARA MUJERES. SE VA SUBIENDO DE NIVEL SEGÚN SE VAN ADQUIRIENDO MÁS CONOCIMIENTOS, INCLUIDO UN LENGUAJE SECRETO QUE SOLO CONOCEN LOS MIEMBROS DEL GRUPO. LOS MIEMBROS LUCEN «CONDECORACIONES» DIFERENTES SEGÚN LA CATEGORÍA DENTRO DE LA COFRADÍA, DESDE UN SIMPLE COLGANTE MÁSCARAS Y CETROS.

◀▶ **Máscara joewi o bundu**
Estas máscaras yelmo de los mende, pertenecientes a la sociedad femenina Sande, son esculpidas por hombres pero las utilizan las mujeres del pueblo bassa. Estas máscaras, de rasgos femeninos suaves, representan espíritus de antepasados masculinos.

LOS PLIEGUES DEL CUELLO SON UN SÍMBOLO FEMENINO DE BELLEZA Y PROSPERIDAD.

Jenneh (Paraíso)
Una niña en la peligrosa Liberia actual

Jenneh no vive precisamente en un paraíso, pues su país, Liberia, es uno de los más pobres y conflictivos del continente africano. Desde muy pequeña ha tenido que trabajar vendiendo fruta en el mercado y esconderse en la selva de alrededor de su poblado para escapar de las guerrillas que lo atacaban y que secuestraban a los niños para usarlos como soldados. Afortunadamente, la guerra ha terminado, pero no las desgracias de Jenneh: su madre acaba de morir de ébola. Jenneh vive con las otras mujeres de su padre y sus hermanos, pero sus tíos quieren llevarla a la capital, Monrovia, para que olvide sus penas y pueda ir a la escuela.

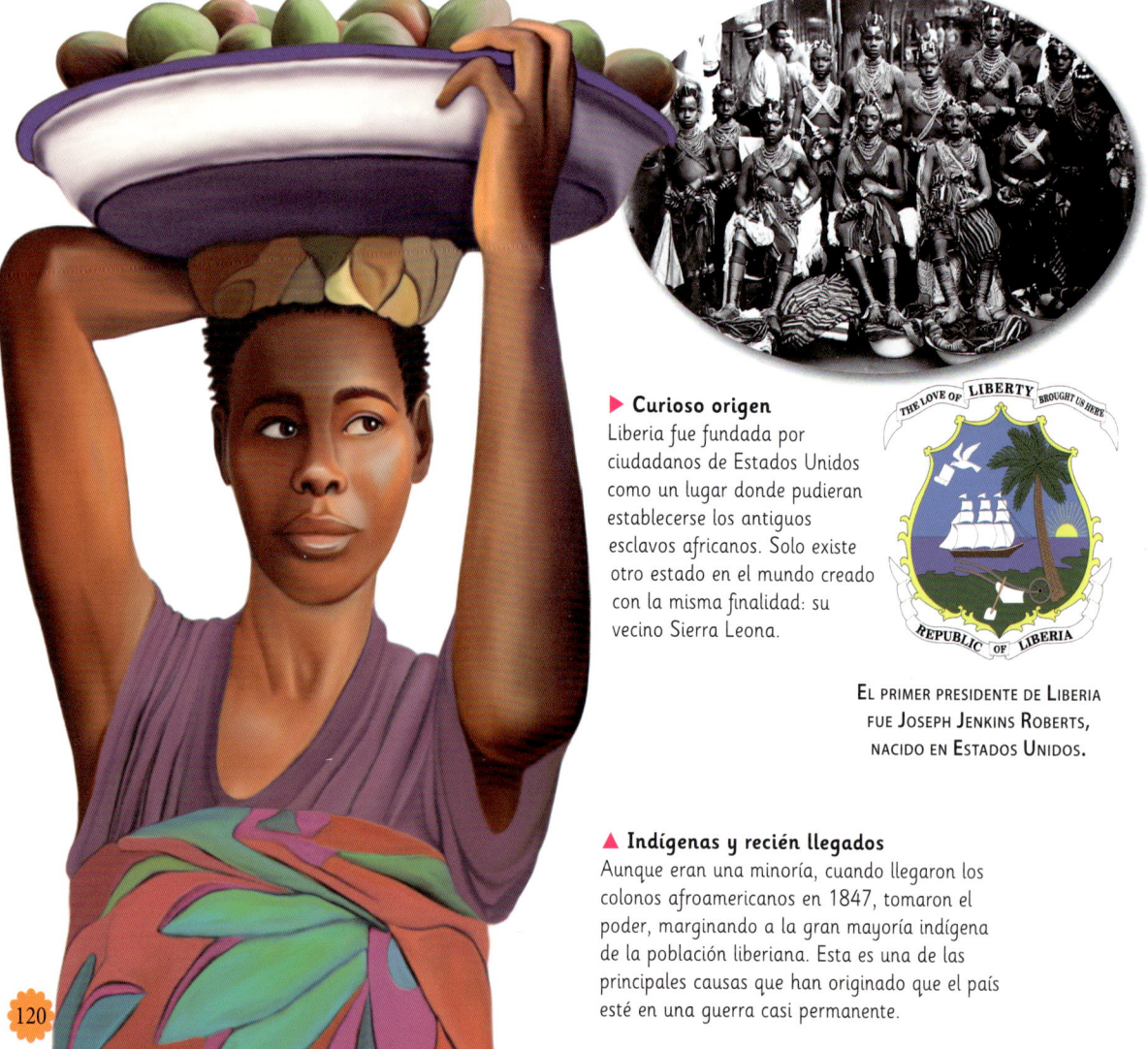

▶ **Curioso origen**

Liberia fue fundada por ciudadanos de Estados Unidos como un lugar donde pudieran establecerse los antiguos esclavos africanos. Solo existe otro estado en el mundo creado con la misma finalidad: su vecino Sierra Leona.

EL PRIMER PRESIDENTE DE LIBERIA FUE JOSEPH JENKINS ROBERTS, NACIDO EN ESTADOS UNIDOS.

▲ **Indígenas y recién llegados**

Aunque eran una minoría, cuando llegaron los colonos afroamericanos en 1847, tomaron el poder, marginando a la gran mayoría indígena de la población liberiana. Esta es una de las principales causas que han originado que el país esté en una guerra casi permanente.

▲ Comida liberiana

A Jenneh le encanta el arroz, pero también la yuca y los mangos (arriba), y los acompaña cuando puede con algo de carne o pescado seco o ahumado. Le gustan también las sopas. Eso sí, ¡todo muy picante! Muchas veces cocina para su familia en el viejo horno de barro. Cuando hace demasiado calor, prepara ricos platos de mango, plátano, coco o cítricos.

JENNEH PIENSA QUE SI SE DECIDE A IR A MONROVIA CON SUS TÍOS, QUIZÁ PODRÁ ESTUDIAR Y LLEGAR A PRESIDENTA DE SU PAÍS, TAL COMO LE SUCEDIÓ A ELLEN JOHNSON-SIRLEAF, LA PRIMERA MUJER PRESIDENTE ELECTA EN ÁFRICA. TOMÓ POSESIÓN DE SU CARGO EN 2006 Y SE MANTUVO EN EL PODER HASTA 2018. JENNEH TAMBIÉN LA ADMIRA PORQUE EN OCTUBRE DE 2011 RECIBIÓ EL NOBEL DE LA PAZ.

◀▶ Virus del Ébola

Liberia ha sido uno de los países más afectados por brotes de ébola desde que se detectó esta enfermedad en Zaire en 1976. Es una enfermedad con un índice de mortalidad muy alto. Se cree que se originó por alimentarse de animales infectados, como monos y murciélagos de la fruta.

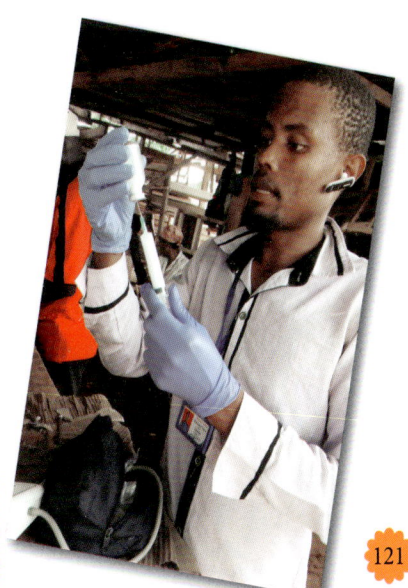

VIRUS DEL ÉBOLA VISTO AL MICROSCOPIO.

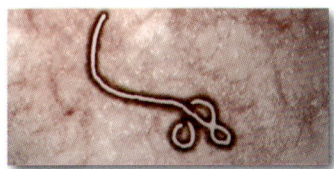

Niños soldado

Una lacra del siglo XXI

Aunque, desgraciadamente, existen niños soldado en todo el mundo, más del 40% de ellos son africanos. Como ejemplo, solo en las guerras de la República Centroafricana han intervenido unos 3.500 niños.

En este continente se vive la guerra en varios países. Son conflictos, además, que tardan mucho tiempo en cerrarse, prolongándose durante años, y que hacen más difícil el desarrollo de esos países.

> **MOTIVOS PARA RECLUTAR NIÑOS**
>
> ✳ SON VISTOS COMO «PRESCINDIBLES Y FÁCILMENTE REEMPLAZABLES».
>
> ✳ SON BARATOS DE MANTENER.
>
> ✳ SON MÁS FÁCILES DE MANIPULAR QUE LOS ADULTOS, YA QUE AÚN SE ESTÁN FORMANDO.
>
> ✳ LOS NIÑOS MÁS PEQUEÑOS TAMBIÉN PUEDEN NO TENER SENSACIÓN DE MIEDO Y ACEPTAN TAREAS MÁS ARRIESGADAS SIN PERCATARSE DEL PELIGRO.

▼ Vidas destrozadas

El reclutamiento de niños soldado es una práctica prohibida por la Convención sobre los Derechos del Niño. Aun así, según denuncian varias ONG, los niños son reclutados como soldados en numerosos conflictos armados, sobre todo en África.

ANTES DE SER RECLUTADOS (O RAPTADOS, DIRECTAMENTE), EN MUCHOS CASOS SE LES OBLIGA A ATENTAR CONTRA SUS PROPIOS FAMILIARES O VECINOS, ROMPIENDO ASÍ LOS LAZOS QUE LES UNEN A LA VIDA NORMAL PARA EVITAR QUE CAMBIEN DE OPINIÓN Y REGRESEN A CASA.

▲ Las niñas también luchan

Las niñas también son reclutadas por los grupos armados. Ellas constituyen el 40% de estos grupos.

◀ Olvidar, una tarea difícil

Después de vivir experiencias tan traumáticas, los niños sienten vergüenza y culpa, y, tras ser liberados, en ocasiones siguen luchando o se convierten en delincuentes. Algunas fundaciones y grupos religiosos tratan de sacarlos de esta pesadilla ofreciéndoles ayuda psicológica y una formación escolar.

EL AK-47, MÁS CONOCIDO COMO «KALASHNIKOV» EN HONOR DE SU CREADOR, ES EL FUSIL DE ASALTO QUE MÁS MUERTES HA CAUSADO EN TODO EL MUNDO. SE ESTIMA QUE UNAS 250.000 PERSONAS MUEREN CADA AÑO A CAUSA DE ESTA ARMA. ESTA AUTÉNTICA MÁQUINA DE MATAR PESA MÁS DE 4 KG Y MIDE CASI UN METRO. PUEDE DISPARAR MÁS DE 600 BALAS EN UN MINUTO.

▶ Madres a su pesar

Una de las tareas más difíciles es la reintegración a sus comunidades de las niñas que, durante su cautiverio, han sido mamás, pues normalmente son rechazadas por sus propias familias.

▶ Boko Haram

Este grupo terrorista islámico que actúa sobre todo en Nigeria, pero también en Camerún, Chad, Níger y Malí, secuestró el 14 de abril de 2014 a más de doscientas chicas de una escuela en Jibik. Unas pocas pudieron escapar, pero muchas aún siguen en su poder o han sido vendidas o casadas con yihadistas.

Créditos fotográficos

Afrika-Studiecentrum, Leiden (Países Bajos): 118 a. Alexander Bassano: 32 a. American Broadcasting Company: 75. Amgueddfa Cymru - National Museum Wales: 34 e. Anne Frank House, Ámsterdam (Países Bajos): 37 (a, b, c, d). Antique Folk Art – Gallery, Steyning (Reino Unido): 61 c. Archivo A. E: 17 a; 18 c; 21 b; 22 a; 23 c; 24 c; 24 b; 30 e; 32 (b, c, d); 33 (b, d); 34 (c, d); 35 (a, c, d); 36 b; 43 a; 51 d; 58 b; 59 c; 64 (a, b); 65 b; 74 (a, b); 78b; 80 b; 81 b; 83c; 84 a; 85 d; 86 a; 88 (b, d); 89 (a, b, c, d, e, f); 92 b; 100 a; 123 d. Barbara Kraft/ colección particular: 30 b. BBC One: 41 d. Biblioteca Nacional de España (Madrid): 50 d; 51 c. Biblioteca Real, Copenhague (Dinamarca): 55 (a, b, c). Biblioteca Reale (Turín, Italia): 26 c. Bibliotheque de l'Institut de France (París). 27 d. Bibliothèque de l'Arsenal (París): 21 a. Bibliothèque et fondation Martin Bodmer (Cologny, Suiza): 25 b. Bibliotheque National (París): ; 28 (b, c); 29 (a , c); 48 b; 92 a; 102 c. Bibliothèque royale de Belgique: 20 a. Bodleian Library, Oxford (Reino Unido): 48 d. Brigham Young University Museum of Art, Provo (EE.UU.): 59 e. Carol Beckwith and Angela Fisher: 119 (b, e). Colecciones Privadas: 17 a; 29 e; 30 a; 30 d; 119 (a, c). Columbia Pictures: 75 b; 86 b. Charles Marion Russell Museum, Great Falls (EE.UU.): 57 a; 59 d. Château de Versailles, París (Francia): 54 d. Christie's New York (EE.UU.): 63 (a, d). Embajada de Irán, Madrid: 98 b. Emma Watson's official website: 41 a. EMUFEC, Cuzco (Perú): 52 b. Fiona Watson/Survival: 68 (b, c); 69 a. Galería de la Academia (Venecia): 26 b; 27 c. Galería de los Uffizi (Florencia): 24 d; 25 c. German Federal Archives, Koblenza (Alemania): 39 c. Hamed Saber 99 d. Hiram Bingham III Archives/ Yale Peabody Museum of Natural History, New Haven (EE.UU.): 55 f. Imagenesmy: 24 b. Imperial War Museums (Londres, Reino Unido): 38 (a, b, c, d); 39 a. J.K. Rowling's official website: 42 a; 43 c. Johann Nepomuk della Croce/ colección particular: 31 (b,c). John Carter Brown Library, Providence (EE.UU.): 51 b. Ju'Hoansi Living Museum, Grashoek (Namibia): 114 (B, C); 115 (a, c, d). Jürgen Stroop/ National Archives and Records Administration, Washington (EE.UU.): 39 d. Kate Greenaway - Project Gutenberg: 23 c. Kunsthistorisches Museum, Viena (Austria): 79 c. Kunstmuseum Basel, colección Rudolf Staechelin (Suiza): 100 c. Lewis W. Hine/George Eastman Museum: 33 a. Library of Congress, Washington (EE.UU.): 35 b; 57 b; 56 b; 59 b; 61 (a, b); 65 (d, f); 66 c; 67 d; 72 a. Louvre Abu Dhabi (Emiratos Árabes Unidos): 26 a. Luis Miguel Domínguez/ RTVE: 68 a; 69 c. Meilleureimage: 22 b. Merck & Co/Bayer/Coppertone: 75 a. Metro-Goldwyn-Mayer: 74 c. Metropolitan Museum, New York (EE.UU.): 52 (c, e). Musée Carnavalet (París). 29 d. Musée Condé (París): 31 a. Musée d'Orsay, París: 100 b. Musée de Tahiri et des Îles, Tahiti (Polinesia Francesa): 101 b. Musee du Petit Palais (París): 21 c. Musei Civici di Lecco (Luzzana, Italia): 25 a. Museo Arqueológico del Tirol del Sur (Italia): 15 (a, b, c, d). Museo de la Evolución Humana (Burgos): 13 e. Museo del Louvre (París): 27 a; 110 e; 111b. Museo dell'Ara Pacis (Roma): 17 c. Museo Itaú Cultural, Sao Paulo (Brasil): 64 c. Museo Nacional Ciencias naturales/CSIC: 13 (a,b). Museum of Fine Arts, Boston, Massachusetts (EE.UU.): 30 c. National Geographic Magazine /University of Michigan (EE:UU): 120 b. National Library of Australia, Canberra (Australia): 103 b; 103 (c, d). National Maritime Museum, Londres (Reino Unido): 102b. National Portrait Gallery (Londres): 34 b. Nationalmuseum, Estocolmo (Suecia): 29 b. Open Clip Art: 88 d. Palazzo Massimo alle Terme (Roma): 16 b. Palazzo Pubblico (Siena, Italia): 25 d. Pera Museum, Estambul (Turquía): 79 b. REUTERS/Jacky Naegelen: 122 b. Royal Collection Trust/Her Majesty Queen Elizabeth II (Reino Unido): 27 b. Screen Actors Guild Awards: 73 d. Shutterstock: guardas, 12 (b, c); 13 (c, d); 14 a; 18 (a, b); 19 (a, b, c, d); 20 b; 22 c; 23 d; 26 d; 26 e; 34 a; 36 a; 39 b; 41 2; 42 (b, c); 44 (a, b, c); 45 (a, b, c, d); 48 c ; 49 b; 50 (a, b); 52 d; 53 (b, e); 54 (a, b); 55 (d, e); 56 c; 57 (a, d); 58 a; 59 a; 60 b; 62 b; 63 c; 65 c; 66 a; 67 (a, b, c, d); 68 (b, c); 70 (a, b, c, e, f); 71 a; 72 d; 79 (a, d, e); 81 (c, d); 82 (a, b); 83 (b, d, e, f); 84 (b, c, d); 85 a; 87 (b, c); 88 (a,c); 90 (a, b, c); 91 (a, b); 93 (a, b, c, d); 94 (a, b); 95 (a, c); 96 b; 97 (a, b, c); 98 c; 99 (a, b, c); 101 b; 102 d; 103 a;105 (a, b); 106 (a, b, c, d, e); 108 (b, c); 109 (a, b); 110 (a, b, d); 111 c; 112 (a, c) 113 (a, b, c); 115 b; 116 a; 117 (a, b, c); 120 c; 121 (a, b, c, d, e); 122 a; 123 (b, c). Singing Creek Educational Center, Junction City (EE:UU.): 58 d. Smithsonian American Art Museum, Washington (EE.UU.): 57 c. Sotheby's, New York (EE.UU.): 62 c; 118 b; 119 d. Stanford University, Stanford (EE. UU.): 52 a; 53 c. Tenzing-norgay-trekking: 96 a; 97 b. The Historic New Orleans Collection (EE.UU.): 65 e. The New York Times: 110 c.Turner Classic Movies: 72 b; 73 (a, b, c). UNESCO: 111d. Unicef España: 122 a; 123 a Universal Pictures: 75 c. Utagawa Kuniyoshi: 85 b. Walt Disney Studios Motion Pictures: 75 d. Warner Brothers: 40 b; 41 b; 41 c; 42 d; 43 b. Wellcome Collection, Londres (Reino Unido): 81 a. Yale center for British Art, New Haven (EE.UU.): 80 a. Yale University, New Haven (EE.UU.): 54 c.

Dibujos
Mauricio Antón: 15 a. Thinkstock/Dorling Kindersley: 13 f; 14 b; 16 c; 17 b; 18b; 20 c; 49 (a, c); 50 c; 51 a; 53 a; 70 a; 86 c; 109 c; 111 a. Zara Corral: 5; 7; 11 (a, b, c);12 a; 16 a; 20 c; 21 c; 24 a; 28 b; 36 c; 40 a; 47 (a, b, c); 48 a; 53 d; 56 a; 58 c; 60 a; 62 a; 66 b; 69 e; 72 c; 77 (a, b, c); 78 a; 82 a; 87 a; 91 b; 95 b; 98 a; 101 a; 102 a; 107 (a, b, c); 113 d; 114 a; 116 b; 120 a.